依安革命老区分布图

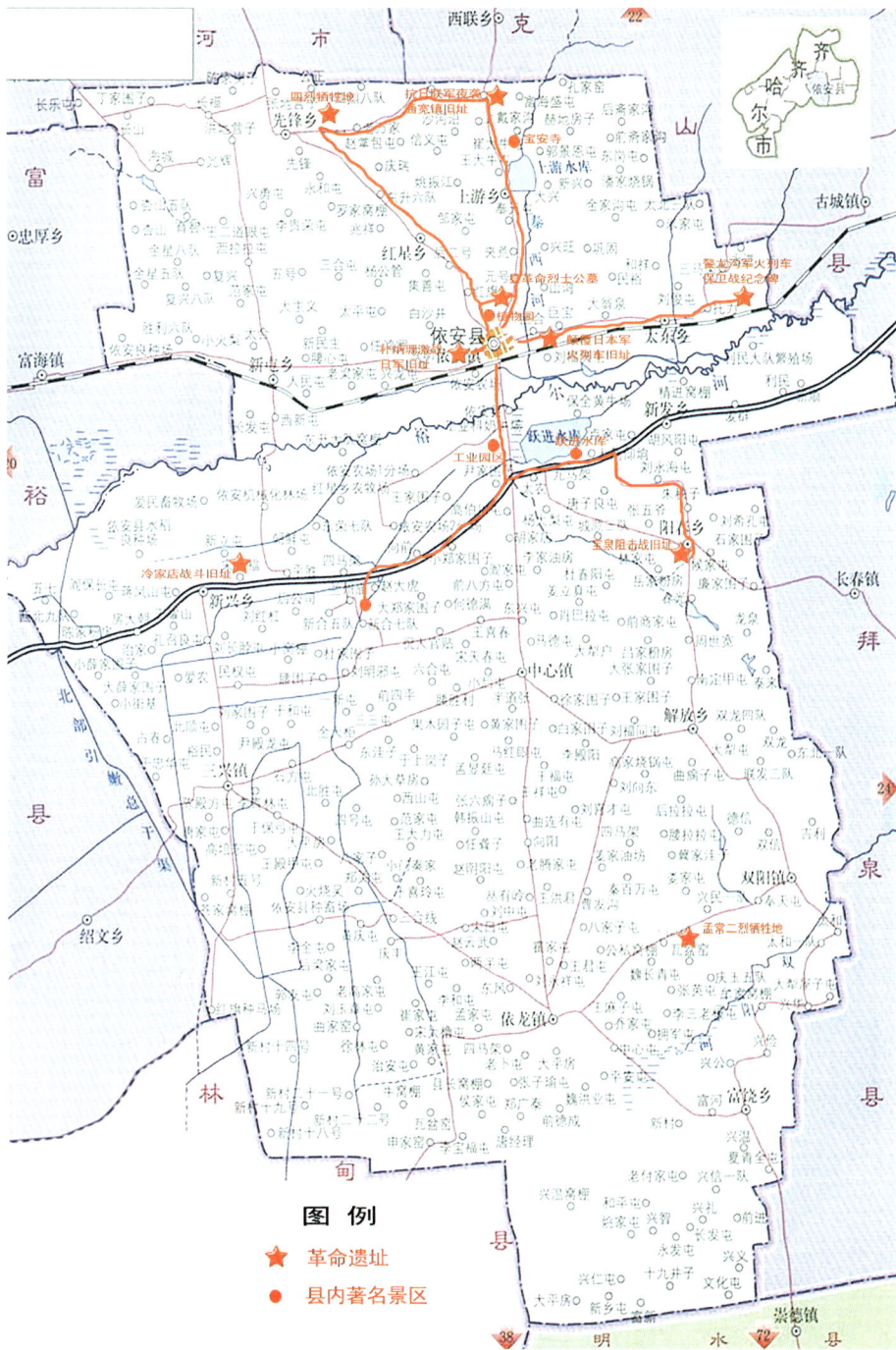

图 例

★ 革命遗址

● 县内著名景区

通 宽 镇 警 备 队

东北抗联奇袭通宽镇。图为与民为敌的伪通宽镇警备队

20世纪30年代的泰安城

解放泰安大军总指挥部旧址——泰这发街元号（今上游乡红五月村）

我军夺取泰安城

控诉土匪罪行

庆祝东北解放

日本军国主义者在泰安镇西门外建造的"神社"

日军征粮

泰安镇西大营里的日军兵营

研究剿匪

依安县革命老区发展史

依安县老区建设促进会　编

黑龙江教育出版社

图书在版编目（CIP）数据

依安县革命老区发展史 / 依安县老区建设促进会编
. -- 哈尔滨 ：黑龙江教育出版社，2021.5
ISBN 978-7-5709-2231-4

Ⅰ．①依… Ⅱ．①依… Ⅲ．①依安县－地方史 Ⅳ.
①K293.54

中国版本图书馆CIP数据核字(2021)第074670号

顾　　问　　于万岭
丛书主编　　杜吉明
副 主 编　　白亚光　　张利国　　李树明　　李　勃

依安县革命老区发展史
Yianxian Geming Laoqu Fazhanshi

依安县老区建设促进会　编

责 任 编 辑　　高　璐
封 面 设 计　　朱建明
责 任 校 对　　杨　彬
出 版 发 行　　黑龙江教育出版社
地　　　址　　哈尔滨市道里区群力第六大道1305号
印　　　刷　　哈尔滨博奇印刷有限公司
开　　　本　　787毫米×1092毫米　1/16
印　　　张　　16.5
字　　　数　　220千
版　　　次　　2021年5月第1版
印　　　次　　2021年5月第1次印刷
书　　　号　　ISBN 978-7-5709-2231-4　　定　　价　　38.00元

黑龙江教育出版社网址：www.hljep.com.cn
如需订购图书，请与我社发行中心联系。联系电话：0451-82533097　82534665
如有印装质量问题，影响阅读，请与我公司联系调换。联系电话：0451-51789011
如发现盗版图书，请向我社举报。举报电话：0451-82533087

《依安县革命老区发展史》
编撰委员会

主　任　王友良　中共依安县委副书记
副主任　姜　伟　依安县政府副县长
　　　　　秦玉平　依安县老区建设促进会会长
　　　　　王雪东　依安县党史办主任
委　员　宋金平　原依安县党史办主任
　　　　　尹继华　依安县老区建设促进会办公室主任
　　　　　宋金铭　依安县委宣传部副部长

《依安县革命老区发展史》
编辑部

主　编　秦玉平　依安县老区建设促进会会长
副主编　宋今平　依安县原党史办主任
　　　　　王雪东　依安县党史办主任
　　　　　尹继华　依安县老区建设促进会办公室主任（兼）
编　辑　尹继华　依安县老区建设促进会办公室主任（兼）
　　　　　宋金铭　依安县委宣传部副部长

总 序

在举国欢庆新中国成立70周年前夕，中国老区建设促进会王健会长请我为《全国革命老区县发展史》丛书作序，作为一名在老区战斗过并得到老区人民生死相助的老兵，回首往事，心潮澎湃，感慨万千，深感义不容辞，欣然应允。

中国革命老区，是以毛泽东为代表的中国共产党人在领导人民推翻帝国主义、封建主义和官僚资本主义三座大山，争取民族独立和人民解放伟大斗争中建立的革命根据地，在这片红色的土地上，诞生了无数可歌可泣的革命英雄儿女，为后人树起了一座不朽的丰碑。她是新中国的摇篮，是党和军队的根。

在艰苦卓绝的战争年代，老区人民把自己的命运与中华民族的命运紧紧地联系在一起，与中国共产党和人民军队的命运紧紧地联系在一起，他们生死相依，患难与共。我曾亲历过战争年代，并得到过老区红哥红嫂的救助，切身感受到发生在身边的一幕幕撼天动地的革命故事，在那极其艰难的条件下，老区人民倾其所有、破家支前，不怕艰难困苦，不怕流血牺牲。"最后一碗米送去做军粮，最后一尺布送去做军装，最后一件老棉袄盖在担架上，最后一个亲骨肉送去上战场"，这是当时伟大的老区人民为建立新中国做出巨大牺牲的真实写照，它将永远镌刻在中国共产党、中国人民解放军、中华人民共和国的历史丰碑上。他们的光辉业绩永载史册，他们的革命精神必将影响一代又一代的革命新人，造就一代又一代的民族脊梁。

在社会主义革命和建设时期，革命老区和老区人民响应党的号召，面对落后的面貌、脆弱的经济、恶劣的生态环境，他们本色不变，精神不丢，自力更生，艰苦奋斗，干一行爱一行。始终坚持"革命理想高于天"，自觉做共产主义远大理想的坚定信仰者和忠实实践者，勇于向恶劣的自然环境和贫穷落后宣战，他们在各条战线上为国建功立业，用平凡的双手创造了一个又一个不平凡的奇迹，彰显了老区人的崇高精神和人格力量。

在改革开放的伟大进程中，老区人民解放思想，勇于创新，发奋图强，攻坚克难，老区的经济社会建设取得了辉煌成就。特别是在改变中国的面貌、中华民族的面貌、中国人民的面貌、中国共产党的面貌的伟大实践中发挥了至关重要的作用。老区人民既是改革开放的参与者，也是改革开放的推动者。

艰苦练意志，危难见精神。老区人民在近百年的革命战争、社会主义建设和改革开放的伟大实践中，孕育形成了伟大的老区精神：爱党信党、坚定不移的理想信念；舍生忘死、无私奉献的博大胸怀；不屈不挠、敢于胜利的英雄气概；自强不息、艰苦奋斗的顽强斗志；求真务实、开拓创新的科学态度；鱼水情深、生死相依的光荣传统。这是党和人民宝贵的精神财富、丰厚的政治资源，是凝心聚力、振奋民族精神的重要法宝，也是社会主义核心价值观的重要内容。

中国老区建设促进会怀着强烈的政治责任感和历史使命感，组织全国各地老促会人员克服困难，尽心竭力编纂《全国革命老区县发展史》丛书，记录老区的光辉历史和辉煌成就，传承红色基因，弘扬老区精神，是功在当代，利及千秋的一件大事。手捧这部丛书的部分书稿，读着书中的故事，倍感亲切，深感这部丛书具有资政、育人、存史的社会功能，有着重要的时代和历史价值。它是不忘初心、牢记使命的源头活水，是赞颂共产党、讴歌老区人民的一部精品力作，是弘扬老区精神、传承红色记忆的丰厚载体，是一项继承优秀传统文化、弘扬革命文化、发展社会主义先进文化，坚定"四个自信"的宏大文化工程。它必将成为一种文化品牌，为各界人士了解老区宣传老区支持老区提供一部有价值的研究史料。希望读者朋友们能从中了解并牢记这些为党和民族的利益不断奉献的老区人民，从中得到教益，汲取人生奋斗的精神动力。

新时代赋予新使命，新起点开启新征程。让我们更加紧密地团结在以习近平同志为核心的党中央周围，坚持以习近平新时代中国特色社会主义思想为指导，增强"四个意识"，坚定"四个自信"，做到"两个维护"，弘扬老区精神，铭记苦难辉煌。为实现"两个一百年"奋斗目标，实现中华民族伟大复兴的中国梦做出新的更大的贡献！

迟浩田

2019 年 4 月 11 日

编写说明

　　2017年6月，中国老区建设促进会组织全国各地老促会启动编纂《全国革命老区县发展史》丛书，按照"建立中国共产党、成立中华人民共和国、推进改革开放和中国特色社会主义事业"三大里程碑的历史脉络，系统书写革命老区百年历史，深入挖掘革命老区红色文化资源，这对于充实丰富中国革命史籍宝库、在新时代传承红色基因、弘扬革命精神、强固根本，对于激励人们在新的历史条件下夺取中国特色社会主义伟大胜利，实现中华民族伟大复兴的中国梦具有重要意义。

　　丛书编纂以习近平新时代中国特色社会主义思想为指导，以《中国共产党历史》《中国共产党的九十年》等重要文献为基本依据，以党的领导为核心，以老区人民为主体，以老区发展为主线，体现历史进程特征，突出时代发展特色，坚持辩证唯物主义和历史唯物主义相统一、历史真实性与内容可读性相统一的原则，书写革命老区从站起来、富起来到强起来的光辉革命史、不懈奋斗史、辉煌成就史，把老区人民的伟大贡献、伟大创造、伟大成就、伟大精神充分展示出来，形成一部具有厚重历史特征和鲜明时代特色的精品力作。这是一部培根铸魂、守正创新，既为历史立言，又为时代服务，字里行间流淌着红色血脉、催生着革命激情的传世之作。丛书的编纂出版将成为讴歌党讴歌人民讴歌时代、传播红色文化、为革命老区和老区人民树碑立传的重要载体。丛书按照编年体与纪事本末体相结合、以编年体为主的编写体例确定框架结构；运用时经事纬、点面结合的方式记述史实；坚持人事结合、以事带人的原则处理人与事的关系；采取夹叙夹议、叙论结合以叙为主的方法展开内容。做到史料与史论、历史与现实、政治与学术统一，文献性、学术性、知识性相兼容。

为编纂好《全国革命老区县发展史》丛书，打造红色文化品牌，中国老区建设促进会认真组织积极协调，提出政治立场鲜明、史料真实准确、思想论述深刻、历史维度厚重、时代特色突出、编写体例规范、篇目布局合理、审读把关严格、出版制作精良的编纂出版总要求，力求达到革命史籍精品的精神高度、思想深度、知识广度、语言力度，增强丛书的权威性和社会影响力。各省（区、市）、市（州、盟）、县（市、区、旗）老促会的同志，以强烈的使命感、责任感和紧迫感，勇于担当，积极作为，认真实施，组织由老促会成员、专家学者等参加的十余万人编纂队伍。编纂工作主体责任在县，省、市组织协调、有力指导、审读把关。各方面人员以高度负责的精神和科学严谨的态度，满腔热情地投入工作，为丛书编纂出版做出了重要贡献。丛书编纂工作还得到了党和国家有关部委、地方各级党委政府及有关部门的大力支持和积极参与，社会各界也给予了热情帮助。中共中央政治局原委员、中央军委原副主席、原国务委员兼国防部长迟浩田上将，对老区人民怀有深厚感情，对革命老区建设发展十分关注，欣然为《全国革命老区县发展史》丛书作总序。

　　丛书由总册和1 599 部分册（每个革命老区县编纂1部分册）组成，共1 600 册。鉴于丛书所记述的史实内容多、时间跨度长和编纂时间紧，不妥之处，敬请批评指正。

中国老区建设促进会

目 录

序 言

历史是一面镜子。它折射出人类在征服自然、改造社会的过程中，每一步主动的拓取和客观的映象，科学准确，不偏不倚。

依安县是革命老区，从"九一八"事变始，在中国共产党的领导下，经历了抗日战争、解放战争、抗美援朝战争血与火的洗礼，经历了土地改革、新中国成立、社会主义建设的轰轰烈烈。这期间，逐倭抗美，剿匪除霸，埋头苦干，发奋图强，涌现出数不尽的可书可咏、可歌可泣的仁人志士与时代英模，为历史这面镜子增添了无数的闪光之点与恢宏之处，书已记之，可警后人、昭后世、流千古。

历史是一本教科书。它用其如缘的春秋大笔，记录着时代前进的每个时空、每个阶段、每个细节，不卑不亢，不容置疑。

依安县土地广袤，沃野千里。经济发展由小到大，由弱到强，从新中国成立初期农业生产粗放型、工业生产初始化的农业小县，经过几代人、几届班子的不断探索、不懈努力，已经发生了翻天覆地的变化。特别是党的十九大以来，在以习近平为核心的党中央正确领导下，依安县新的一届县委班子，从依安县的实际出发，提出了旨在促进经济跨越、文化繁荣、社会进步的"35810"总体工作思路，依托得天独厚的自然条件及资源优势，找市场、上项目、求突破，创建农业强县，打造北国瓷都，一路高歌，硕果累累，正创造着一个又一个奇迹。书以记之，则提人气、鼓士气、存浩气。

历史是一个裁判员。它用严谨、公正、客观的标准对每一次思想的递进与物质的飞跃都给出了准确的答案。不美不丑，不假于人。

依安县人杰地灵，英才辈出。无论是战争年代的壮怀激烈，抑或是建设时期、和平年代的求真务实，都不可避免地留下了让我们引以为傲的历史轨迹，我们有必要、有责任将依安县人民在各个历史时期践行和积累的革命传统、优良作风、创造理念和奉献精神，客观、如实地整理出来、记录在册、传承下去并发扬光大，让历史告诉未来，让未来借鉴历史、超越历史、创造历史。

时值中国共产党成立100周年之际，中国老区建设促进会启动了《全国革命老区县发展史》这个系列丛书的编撰工作，这是一个伟大的工程，作为全国1 599个老区县之一，能参与到这项工作之中，荣幸和激动之余，也深深感到责任重大。我们一定不负重托，不辱使命，以高度的政治责任心、使命感和推动力，完成这项光荣的任务。以史为证，以史为鉴，以史为荣，并以此向建党百年华诞献礼！

是为序。

依安县老区建设促进会

2019年8月

绪论　依安县历史概况

第一节　自然地理概况

依安县位于黑龙江省西部，小兴安岭南麓，松嫩平原北缘，全县面积3 685平方公里。其中，耕地面积407万亩，有汉、满、回、蒙、朝鲜等14个民族，人口50万，为我国北疆重镇齐齐哈尔市的辖县。乌裕尔河、双阳河穿境而过，主要盛产大豆、玉米、水稻、马铃薯等，被国务院评为"全国粮食生产百强县"和"中国紫花油豆角之乡"，年饲养白鹅400万只以上，行销全国各地，并远渡重洋畅销欧美，被国家农业部评为"中国白鹅之乡"。

依安县地下矿藏丰富。高岭土、石英砂、五色土（又称"北方紫砂"）品质极高，储量丰富，因高岭土、五色土烧制的瓷器、紫砂产品，细腻、高雅、大气，深受国内外用户及收藏爱好者的青睐与好评。2016年，被国家评为"中国五色土之乡"。

第二节　人文历史概况

依安县，古为荒原。近代考古证明，早在新石器时代，依安县境内就有人类活动的痕迹。（1980年11月，依安镇东方红生产大队的几位农民在城南乌裕尔河大桥西砂场取砂时，意外发现石斧、玉环、兽牙等古人类遗存，后经考古工作者深入发掘，获石器、玉器、陶片等30余种数百枚之多，其大型石犁为黑龙江地区首次发现，填补了黑龙江地区远古农业石质农具的一处空白。经鉴定为新石器时代遗存。）《依安县志》记载，依安于秦、汉、魏、晋时期属扶余及北扶余之一部，南北朝为寇漫汉（豆莫娄），隋、唐属黑水靺鞨北栅部，五代、宋朝为契丹所辖，金时属生女真，归蒲峪路（今克东县金城乡古城村）管辖，元朝属斡赤斤封地，明朝属奴儿干都司的福余卫，清乾隆二十二年，蒙古贵族巴桑新疆协助朝廷新疆平叛有功，乾隆皇帝遂将此地赐为他的封地，并以其姓氏自建一旗，名曰：依克明安旗（今富裕县富海镇大泉子村），归黑龙江将军管辖。其辖下多以蒙、满、达斡尔、鄂温克等少数民族为主。后经垦荒移民，拓疆扩界，渐以农事为主，畜牧为辅，遂成规模。"中华民国"时期，归黑龙江省龙江道。1923年10月23日，经黑龙江省省长公署照准，建依安设治局，置龙泉镇（现依龙镇）。1929年1月9日，黑龙江省省长批复依安设治局晋升为三等县，改称县公署。同年2月，依安县公署改为依安县政府。

依安县的民族众多，有汉、满、回、蒙、朝鲜、锡伯等14个民族在此居住。从20世纪初起，陆陆续续有山东、河北等地移民在这里落户。1903年，随着中东铁路建成通车，关内大批移民来此开垦。1923年，依安设治初，境内计有耕地面积181 850亩。由于黑龙江省当时实行招垦实边政策，国家规定凡来境内垦荒者，免征赋税3年，在此优惠鼓励条件下，大片荒原、沼泽得以开发。1930年，耕地面积为1 290 670亩。原始荒地140万余亩，经政府招垦，耕地面积逐渐增加。初步形成了以种植业为主、兼以畜牧渔猎为辅的封建生产关系。大部分土地集中在少数地主或大户人家手里，靠出租收取地租，绝大部分农民靠做佣工养家糊口、维持生计。后来农事日盛，人烟聚多，街市初具，商贾集流，渐成规模。1923年，设治时，域内共辖四镇：龙泉（今依龙镇）、双阳、三兴、泰安镇，且均设集市，计有商号167户。1925年，增设宝泉镇（今阳春乡）集市。1927年，商业隆盛，县内较大商号有52户。主要从事餐饮、百货、布匹、日杂等与稼穑、渔牧、畋猎有关的门类。另有收放流通、肩挑贸易等货栈、小贩，串街走巷，按季开张，不一而足。1929年10月，黑龙江省政府诏令泰安镇51户商号划归克山县，从此治内商业大减，贸易式微，营业额下降。

从20世纪初到设治前后，域内虽然人烟聚多，物阜民丰，但由于地处偏远，山长水阔，流民杂居，加以治权交叉重叠，剿治乏力，遂使匪患嚣张，兵燹叠起。给地方管理与开发带来较大的影响，以至"民怨盈街，地方不靖"。到民国初期，境内匪众多达几十股。小则几人、十几人，多则几十、上百人。他们"啸聚山林，出没萑苻"，匪氛猖獗之状，不仅"骚扰闾阎""戕害侨商"，甚者攻陷城池。而县城知事及守城兵卫，"一闻匪警，不问多寡，除令县城之陆军守备之不准出城外，并将各乡之游击警察队悉数檄调入城，以资保卫"。各乡不堪其扰，纷纷上书设治长官或省府请愿，祈请剿捕，以靖乡里。当时，依安设治域内有匪患十余股，"滋扰城乡，绑票伤人"，遂致商号凋零，大户忧惧。黑龙江省政府接到举报，即行"察究问实"。于1924年，以省长吴俊升之名发布《有匪情及时防剿，不得只顾城池》的公署训令，要求所属各县"做好地方治安防范"。经过近两年搜剿整肃，治内的治安情况好转，农耕商贸恢复正常。

第三节 经济社会发展概况

随着农业的扩大与商贸的繁荣，道路交通、信息传递也大为改善，民国初年的治管区划、"多龙治水"的情况已远远不能适应和满足日益发展的域内经济。又因地方不靖，屡受匪患，民众迫切要求设官立县，以求安宁。1923年，由地方绅董栾玉珠等上书呈请黑龙江省公署于此设治。同年10月23日，经黑龙江省省长公署照准批复，将林甸、拜泉、龙江等县及依克明安旗蒙古生计之部分土地、人口划拨集此，10月27日，依安设治局正式成立，地址在原林甸县属之龙泉镇（今依安县依龙镇）。设治局设设治员一人，设治员为郁春馥。因龙泉镇界内有依克明安公旗府，即定名为依安设治局。此即依安县治的由来及本源。

从1923年10月23日设立依安设治局到1931年"九一八"事变，短短八年间，依安经历了一个从设治划界、机构演变、剿匪靖边、各业初兴的阶段。农业开发垦殖渐成规模、商业贸易渐次繁荣发展、街市交通通衢流畅，形势与秩序日趋稳定，为后来的扩大治域、晋升三等县治打下了良好的基础。

依安设治之前，依安的土地与拜泉、克山、克东三县都属于依克明安旗的牧地范围之内。

1929年1月9日，黑龙江省公署照令，将依安设治局晋升为三等县，改设治局为依安县公署，原来行政长官设治员的职称改为县知事。同年2月，改县公署为依安县政府，原来县知事的称谓改为县长。

设治初始，依安设治局除设科、局、所之外，还设保卫团团总办公处，总团总1人，负"指挥调遣治内兵警之权，行剿匪治安守土之责"。

在省级驻军方面，1923年，省防军骑兵第八独立连驻防依安设治局，常驻官兵47人。1928年，省防军第二补充旅3个连级编制进驻依安设治局。1930年，由省防军团长朴炳珊率炮兵二十团驻防依安县泰安镇西大营，下辖建制官兵600人。

在地方武装方面，设治初，省公署在依安设治局设保卫团，其性质属地方武装，归依安设治局统一调遣指挥。保卫团下辖四个团。一团驻龙泉镇，有常驻丁30人。二团驻双阳镇，常驻丁30人。三团驻三兴镇，常驻丁28人。四团驻泰安镇，常驻丁48人。保卫团设总团总1人，保董4人，甲长6人。团总办公处设在县城龙泉镇（依龙镇），团总由设治员兼任。负责县域之内治安守土之责，专司地方兵警之指挥调遣。其养兵费用由县级部分公费及地方士绅筹措和地方民户分摊。1928年秋，设治员任国英效法前贤，实行改制整兵、寓兵于民之举，大行改组。裁撤原来的保卫团办公处，设治局之下属四镇成立散在保（有事则聚，无事则散；平时各司其业，战时听令出征。因兵无常聚，聚无常势，其形散在，故名"散在保"）。1927年报黑龙江省公署批准，成立冬防队，设队长1人，副队长2人，官兵共50人。采取"寓兵于民法"，民是兵，兵也是民，所谓"扛枪为兵，荷锄即民"，有事则聚，无事遣散，冬季匪情治安形势紧张，聚民为兵，扛枪剿匪。事毕遣散回家。

面对匪患不靖，乡间不宁，民怨载道，1928年4月29日，以依安设治局设治员池景涛之名义颁发训令，批准由各乡绅民会议具呈的关于编练民团实行自卫之办法。其职责为"打更守望相助，有事则聚，无事则散"。"乱则至相援应，共保安全"。其所编团练为乡间自卫组织，所有枪械子弹由各井自行筹备，均为义务职守，不支薪饷，等等。皆因本境防备空虚之不得已，以补治内警力不足。由依安农会绅民会议公举委任周雨亭为保卫团总团总，由设治员池景涛责令警察所所长胡庆恩协同总团总"按户劝导督饬办理"。所编民团共计三个团，九个保，3 643人。

民国初年，依安原名龙泉镇，归林甸县管辖，地处拜泉、龙江、林甸三县交界，俗称为"三不管"之地，其地面辽阔，水面纵横，为盗贼出没、剪径劫舍提供了便利。1924年2月19日，匪首"平安""扫北""五洲"等近200人，窜入三区（今三兴镇），区官阎振亚率警8人去设治局所在地龙泉镇（今依龙镇）办理公务，途中不期相遇，遂开枪对击，形成对峙，后官警在当地士绅大户协助与接应下，众匪不敌，狼狈逃窜，此役警民共缴获战马3匹。同年，匪首报号"分江"，哨领党羽喽啰七八十名蚁聚蜂攒盘踞是境，四处抢掠，生灵涂炭，民不聊生。设治初，既由治下警民兵勇协同省防官军结网张罗，围追痛剿，匪首"分江"束手被执，余众或毙或俘，作鸟兽之散。境内遂宁。

从依安移民、垦荒到设治、立县，依安经历了一个从初始农耕、农牧并举、交通兴业、商贸从流、经济繁荣的渐进过程。期间，教育、文化、金融、邮电、工业及手工业等从无到有、自小到大、由粗及精，呈现出一派经济较快发展、社会和谐稳定、人民安居乐业的祥和局面。

第一编 ★ 十四年抗战到新中国成立

（1931年9月—1949年10月）

　　1931年9月18日22时10分，日本南满铁路独立守备队岛本大队川岛中队的河本中尉，按照关东军的预定计划，率部在奉天（今辽宁沈阳市）北部柳条湖（距东北军北大营仅六七百米）将南满铁路路轨炸坏，制造了"柳条湖事件"，事后贼喊捉贼，反诬中国军队破坏南满铁路，袭击日本守备队，并以此为借口，关东军大举进攻奉天（今辽宁沈阳市），炮轰北大营，震惊中外的"九一八"事变爆发。

　　面对破门而入的日军铁蹄，第七旅官兵忍无可忍，被迫自卫还击，坚持到19日晨5时左右，参谋长赵镇藩命令第七旅突围，7时，日军占领北大营。

　　"九一八"事变不是一个简单、孤立、偶然的事件，它是日本帝国主义实行对华侵略扩张蓄谋已久的"大陆政策"的必然结果，是日本为摆脱世界性经济危机带来的困境及缓和国内存在的阶级矛盾的实际步骤。由于东北军执行国民政府蒋介石的"不抵抗政策"，放弃国土，遂使日本军队长驱直入，如无人之境，拱手将东北三千里大好河山，任由日军铁蹄践踏，实乃中华民族抵御外侮史上的奇耻大辱。如此开门揖盗，让骄横的日军得寸进尺，向黑龙江省进犯。虽遇到马占山所部于嫩江江桥的顽强抵抗，日军仍于1931年11月19日占领黑龙江省省会齐齐哈尔市。短短4个月18天的时间，整个东北沦陷。东北几千万同胞，开始了长达14年暗无天日的屈辱生活。这期间，东北人民从来没有停止过反对日军入侵的活动，各地抗日义旗风起云涌，特别是在中国共产党的英明领导下，抗日浪潮波澜壮阔，以白山黑水为依托，以林海雪原为阵地，四处出击，草木皆兵，给日本侵略者以沉重打击，为抗日战争在全国范围内取得最后胜利作出了卓越的贡献。

第一章　抗日战争时期

从1931年9月18日日本关东军发动"九一八"事变，到1945年8月15日，日本天皇发布诏书宣布遵守《开罗宣言》和《波茨坦公告》无条件投降，东北三省光复，重新回到了祖国的怀抱。这期间，依安县人民不甘忍受山河破碎、颠沛流离的苦难生活，为反抗日本军国主义的侵略暴行，在这块广袤的黑土地上，前仆后继，涌现出无数的仁人志士，用鲜血和生命谱写出一曲又一曲可歌可泣、气壮山河的不朽诗篇。

"九一八"事变第二天，日本军国主义得寸进尺，迅即攻陷长春、鞍山、抚顺、本溪等40多个城市，妄图趁热拿下吉林、黑龙江全境。9月19日，中共满洲省省委发布《为日本帝国主义武装占领满洲宣言》，号召广大人民群众组织武装起来，保家卫国，驱除日本帝国主义。20日，中共中央发表《中国共产党为日本帝国主义强暴占领东三省事件宣言》，号召全国人民，反对日本帝国主义强占东北，为民族生存、祖国神圣领土完整而战。

1931年10月13日，在侵华的日本关东军唆使下，认贼作父、变节投敌之汉奸张海鹏狗仗人势，率伪军向当时的黑龙江省省会齐齐哈尔市进犯。时任代理黑龙江省主席、军事总指挥的东北军将领马占山将军，在齐齐哈尔市以南、泰来县境内的嫩江江桥布防御敌，并发表著名的"对日抵抗宣言"，打响了中国军队有组织武装抗日的第一战役。在"江桥抗战"中，马占山领导的抗日军队与日军进行大小战斗几十次，毙、伤、俘敌数千人，沉重地打击了日本军国主义的嚣张气焰。后来由于敌众我寡，弹尽粮绝，黑龙江守军沿齐克铁路撤退到克山、拜泉一线集结，省政府迁往海伦。历时37天的江桥抗战结束。

第一节　江桥抗战后，马占山途经依安县

自1931年11月19日到1932年10月，抗日将领马占山在不到一年的时间里，率领所属部队，转战龙江，与敌周旋，曾路过依安县。给依安县人民留下了极其深刻的印象。

1931年11月19日，江桥战役结束后，为了保存实力、休养军力，马占山将军率黑龙江省军、政两署人员手下部队约1 000人左右乘火车撤到泰安镇。当时的泰安镇是齐（齐哈尔）—克（山）铁路的终点站。北可以进山（大兴安岭），东可以经北安、海伦到哈尔滨，地处要冲，进退方便。到泰安镇后，马占山将军当即召见并面示时任泰安公安分局石局长代雇民间大车40辆以供运载子弹、物资之用。在接下来的10来天里，马占山将军部队属下的步兵、炮兵、工兵、骑兵及载重汽车兵源、辎重等源源不断经由泰安镇向后方撤退，前后有七八千人之多。由于马占山将军治军有方，过往官兵军容齐肃、步调一致，又纪律严明，秋毫无犯，泰安镇居民及沿路群众深受感动，各商号、店铺及一般民众，自发列队欢迎，洒扫街道，箪食壶浆，举旗恭迎，或礼送烟茶、肉面、鸡蛋，或烧水递茶，或上门服务，洗涮军资，饲喂马匹。用善良、朴实的心向英勇的抗日官兵致敬。

1932年3月1日，由日本扶持的前清逊位皇帝爱新觉罗·溥

仪在东北长春建立傀儡政权——"满洲国"，年号"大同"，改长春为"新京"，为"满洲国"首都。1932年5月，"满洲国"黑龙江省政府派省防军八旅五十三团二连进驻依安县公署龙泉镇（今依龙镇）。同月，"满洲国"在依安县建伪县政府，设县长1人。全县实行"保甲制"，共设"龙安、龙泉、宝泉、三兴、百川、双阳、依南"等7个保、125个甲。至此，依安县沦陷，开始了长达14年在日伪统治下暗无天日的"亡国奴"时期。

1932年4月1日，因"鉴于环境恶劣，局势大变"而暂且屈尊"满洲国"黑龙江省省长的马占山在养精蓄锐之后决心反正，再次竖起抗日义旗。率黑龙江省军、政两署要员200余人，分乘10余辆卡车，由省城齐齐哈尔市出发，经由林甸县，于上午10时许，抵达依安县龙泉镇（今依龙镇）。事先得到消息的依安县商会便积极组织大批士绅、学生、群众等列队欢迎。先行人员刚一进城，街巷之内便锣鼓齐鸣、欢声雷动，"青天白日满地红"国旗迎风飘扬、充街塞巷。所有的随行官兵受到依安县城老百姓的热情接待。老百姓往官兵的口袋里塞鸡蛋、装"瓜子"、送糖块，全副武装的士兵们深受感动，向围观的小学生和市民群众宣传抗日道理，解析抗日口号，并教唱"打倒列强齐欢畅"等抗日歌曲。整修欢迎仪式持续了近两个小时。中午12时许，稍事休息的马占山部队在广大民众依依不舍地挥手致意中向拜泉县进发集结。

第二节 朴炳珊联合邓文、霍刚抗日及泰安阻击战

马占山将军重举抗日义旗后，基于从实战出发的考虑，马占山对其旧部的机构进行了合并与裁撤，对兵员部队进行了重新整理、扩编和改建，任命陆军新编第三混成旅旅长朴炳珊，驻防拜泉城内，辖管周围泰安、克山、海伦诸县。

朴炳珊（1892—1941年），字大同，黑龙江省呼兰五站人，朝鲜族，一代抗日名将。1917年，保定陆军军官学校毕业。"九一八"事变前，任东北军炮兵第九团团长，驻防于泰安镇（今依安县依安镇），下属三个营。江桥抗战时曾调一个营去泰来前线参战，两个营调省会保卫齐齐哈尔市，江桥抗战中朴炳珊被马占山临危任命为齐齐哈尔市警备司令。江桥抗战失利后，随同马占山将军经泰安、克山退至海伦，任海伦城防司令。1932年2月，奉马占山将军之命，从海伦移兵拜泉，任新编第三混成旅旅长。其下属由原团人马加上原驻防拜泉县苑崇谷将军的守防旅2 000余人合并，共约4 000人，统归朴炳珊调遣指挥。朴炳珊忠直耿介、热血方刚，他拒绝日军威逼诱骗，积极研究抗战部署与策略，举旗成立黑龙江省人民军后，转战泰安、克山、海伦继续抗战，并积极响应与配合马占山、苏炳文会攻省城齐齐哈尔市。为顺应抗日大势，扩大抗日队伍，1932年8月25日，朴炳珊轻骑简从，到富强镇（今拜泉县保富乡）面会邓文将军，共商抗日大计。

邓文（1893—1933年），字宪章。辽宁省梨树县(今归吉林省管辖)人。自幼家境贫寒，成年后投身军旅。"九一八"事变

前任黑龙江省骑兵连连长，驻防于东荒（今通北、北安）一线。1931年11月，参加马占山领导的江桥抗战，在对日作战中，表现勇敢，受到马占山将军的嘉奖，晋升为骑兵第一旅二团团长。后被委任为骑兵第四旅旅长。1932年4月间，吉、黑两省义勇军反攻哈尔滨市，马占山电令邓文指挥绥化、兰西等地义勇军于呼兰河一线集结，然后向哈尔滨市反攻。4月28日，邓文指挥地方义勇军李天德、李云集等部袭击了哈尔滨市江北呼海铁路局，劫获敌机车、货车100辆，粉碎了日伪当局运兵北上的计划。接着，他又指挥了著名的松浦战役，将马家船口日军歼灭过半，对松浦镇之敌也给予沉重打击。江桥抗战后，马占山改该部为黑龙江省抗日救国义勇军第一军，邓文任军长，其下属骑兵近6 000人，且装备精良，有重机枪、迫击炮等重武器，更有八匹骡马拉的野炮数门。6月，该部在呼海路沿线开展游击斗争。10月，马占山部署会攻齐齐哈尔战役，他率第一军由拜泉出发，首战攻取安达。后回师屯据拜泉。11月，日军向拜泉发起进攻，他下令突围，转向肇东汇合友军李海青等部，辗转进入热河。被冯玉祥委任抗日同盟军第五路总指挥兼左路军副总指挥。1933年6月，率部追随吉鸿昌将军北征。7月31日，在张家口福寿街18号被人杀害。

1932年夏，邓文受马占山之命开到拜泉县富强镇驻防。朴炳珊与邓文会面后，二人所见略同，表示"一致对外，联合抗日"，并深入拟定了分三路协力进攻齐齐哈尔的军事行动计划。东路由朴炳珊率主力从拜泉经克山、泰安由东向西直捣齐齐哈尔，西路通电驻扎兰屯守军苏炳文、张殿九部，由西向东夹击守城日军，而邓文部则迂回包抄，在洮（洮南）—昂（昂溪）一线，截断交通，阻击敌人北上救援。1932年9月中旬，邓文按既定计划从富强镇出发，于9月15日上午9时左右到达依安（今依安县依龙镇）城郊，与驻扎在城内的降日守军骑兵五十八团发生接火。时降日部队五十八团兵力约800人，装备有重机枪、迫击炮，该团长名霍刚，是7月5日从林甸派来协助依安守军剿匪的。由于邓文、霍刚两军抗日、降日取舍不同、立场相左。霍刚唯恐邓文军进城将其缴械，因此，竭力阻止邓文率部假道依安城内通过，以致双方言语激烈，兵戎相见，殊死抵抗。战斗从上午9时一直到下午5时，枪炮贯雷，弹矢如雨。霍刚感势单力孤，渐渐不支，继续抵抗恐后果不测，汉奸之恶名，定遭万世唾骂。遂央城内士绅出面调停，愿息战火，让路通过。邓文将军从抗日大计出发，为策反霍刚，表明诚意，携手御敌，邓文置个人生死于度外，只带几个随从，亲自入城与霍刚面晤，申明宗旨，晓以大义：抗日光荣，降日可耻，国家兴亡，匹夫有责，应悬崖勒马，共赴国难。霍刚几经权衡，终为邓文的气节所折服感动，幡然醒悟，表示愿意反正，共襄义举，走抗日救国的光明大道。此役遂解。一周后，霍刚秣马厉兵，率领全团投奔邓文部，汇入抗日洪流之中。

日本侵略者为打通齐齐哈尔到海伦的交通要道，从1932年6月7日开始，由日本人庄司为克山段的铁路总指挥，在大批日军的掩护下，开始了齐（齐齐哈尔）—克（克山）段和海（海伦）—克（克山）段的修建工作，并于当年的10月初率先完成克山到泰安段的修复工作并试运通车。为阻断敌人的交通命脉，粉碎敌人图谋，朴炳珊率领抗日部队臂带心形白地、红边之袖章，上写"父率子、兄携弟、誓死报国"十个黑字，向修路之敌发起攻击，首先袭退了来自克山的增援日军，击毙了铁路掩护部队队长宇田川。10月18日，朴炳珊的先头部队张忠卿团长率属下精壮骨干500人，掐断了克山、泰安之间的电话线，炸毁了泰东境内鳌龙沟子上的铁路桥梁，使向泰安方向运行的军用列车，在泰东铁路零公里处脱轨颠覆。在激战中，击毙日本人岩濑、岩本两名满铁社员，击伤司机手阿部。接着在托力屯（今泰东乡托力村）将伪克山县公安二分局二分所的伪警察缴了械。10月21日，朴炳珊攻进泰安镇，抓住了伪克山县公安二分局（设泰安镇）局长薛昌信，处决汉奸、特务18人。此役共缴获日式步枪46支、子弹3 000多发、军服多件。部队继续西进，直到小泉子附近，控制了东起泰安镇泰东鳌龙沟子到小泉子之间的所有车站，此间击毙铁路沿线车站的日本人站长中山、星原、利光3人。同日，日军第33联队在重火力掩护下攻击泰安镇西大营（东北军炮兵二十团驻地）和街基，并出动飞机向该地投掷硫黄燃烧弹烧毁房屋，用重炮摧毁城垣。泰安镇守军在装备精良的日军狂轰滥炸之下，势单力孤，被迫撤离，泰安镇至此陷落，终为日军占领并开始驻防。

1932年10月24日，赶来增援的日本侵略军骑兵第18联队共300余人，在总队长宍户功男中佐的率领下，从齐齐哈尔开到依克明安旗贝子府（今富裕县境内大泉子村）。凭借贝子府的炮楼向驻在小泉子村的朴炳珊部开炮射击，并于下午3时许倾巢出动，向朴炳珊部发起攻击，在西新屯附近与朴军狭路相逢，双方纠缠在一起。朴军越战越勇，而前来支援朴军的后续部队越来越多。在2 000多名抗日军队的重兵围攻下，日本侵略者进退两难，被打得丢盔弃甲，一直激战到25日下午4时，才狼狈突围退到贝子府负隅顽抗，固守待援。

为阻击和全歼被困日军，朴炳珊将前敌总指挥部设在腰新屯（今依安县新屯乡腰新村）。在小泉子村东部南起乌裕尔河套北迄铁路之北，建起了第二道进攻堑壕（原第一道堑壕在西新屯），集中炮火猛攻贝子府和喇嘛庙。此间，被围困日军用电讯与省城齐齐哈尔取得了联系，敌军开始强行增援，弹药、食品等军用品源源不断运到。另一支增援部队也突破重围开进贝子府。28日午后，日军胁迫四名蒙古人引路，出牛车20余辆运载辎重，两个联队趁西风大起，借放火烧荒之机，连续突破两道朴军防线，以一队30多名日军南进为诱饵，大部队绕道北进，于当夜潜入泰安镇西大营（现依安县依安镇西三公里奈伦淀粉公司）。29日黎明，朴军误以为日军诱饵为其主力，集中火力奋力攻打围歼，除1名日军侥幸生还外，其余包括指挥官林中队长在内的30多名日军全部毙命。30日起，日军从泰安镇西大营出发，进行疯狂报复，与此同时，大批援军也从东、西两路内外夹击，穷凶极恶地动用重炮向泰安街基及附近村屯猛烈轰炸。朴军腹背受敌。期间尤其令人发指、惨绝人寰的是日军用飞机投掷硫黄炸弹，攻击民宅，整个泰安镇街基炮声震耳、弹雨横飞，附近不少村屯一片火海，化为灰烬。朴炳珊部弹尽粮绝，外无援兵，而所配重炮又深陷乌裕尔河泥淖之中，未能发挥作用，力不能支，为保存实力，朴军不敢恋战，匆匆撤出战斗，深夜撤至泰安镇，然后取道通宽镇撤向讷河方向。

此役虽没能全歼日军，但也给予骄横不可一世的日军以沉重打击，共毙敌近百人，伤敌无数，极大地激发和鼓舞了"九一八"事变以来广大民众的抗日热情和信心。

第二章　残暴的伪满统治

日本侵略者于1932年扶持溥仪成立傀儡政权"满洲国"之后，于各基层市县相继成立了伪满政权。名为政权，实际上就是一个傀儡，完全是日本人说了算。为了进一步维护其殖民统治，他们在思想、政治、经济、军事、文化等各个领域伸出触手，无所不用其极，采取思想愚弄、经济掠夺、军事镇压及奴化教育等手段，来麻痹和压制中国人民的不满与抗争。

第一节　愚民以奴役，鼓吹"王道"

日本帝国主义为了巩固其殖民统治，在思想上极力宣传"共存共荣""王道乐土""大东亚共荣圈"等殖民思想与强盗逻辑。利用中国人的儒家思想和传统观念，大力鼓吹"振兴礼教""祭孔参政"等愚民政策，在各地大建文庙、孔庙，开展尊崇儒学的宣传和祭孔活动，以此来掩盖他们赤裸裸的侵略行径，制造假象。

1932年7月，伪"满洲协和会"成立。初名为"满洲协和党"，后改名"满洲帝国协和会"，由伪满洲国皇帝溥仪任名誉总裁，日本人本庄繁任名誉顾问。大力鼓吹和宣扬伪满境内的

"满、蒙、朝鲜、白俄、日本五族协和"或"民族协和",是日本帝国主义从精神上奴役与统治中国人民的反动工具。"协和会"在各市县都有分会。1935年8月,伪满洲国协和会依安县办事处成立。从成立之初直到"八一五"光复日本无条件投降,依安协和会利用一切机会,采取各种形式进行反动宣传其"一德一心""建国精神",并在学校和社会上组织和训练"协和青年团""青年训练所""青少年团""义勇奉公队"等青少年组织,向广大青年灌输"建国理念""协和精神",提倡"勤劳奉仕",甚至以此为日本帝国主义提供"炮灰"和源源不竭的兵源动力。1940年4月1日,伪满洲国公布所谓"《国兵法》",将募兵制改为征兵制。规定男性青年年满19岁身体合格者应为"满洲国"服务三年。从第二年起直到"八一五"光复、日本投降的短短五年间,依安县共应征青年近1 500人之多。

日本帝国主义为了消灭和麻痹中国人民的民族意识,达到他们永远霸占中国东北的险恶目的,采取了人类历史上罕见的殖民主义文化统治和教育措施。他们一方面禁绝和限制一切具有中华民族文化标识、民族意识的文化传播,烧毁和限制宣传和承载中华民族文化的报刊书籍,禁止输入具有中华民族民主思想的进步书刊及影视、戏剧等。1932年9月,伪满洲国公布"《治安警察法》"。严禁群众结社、集会,取缔抗日言论,不许张贴图画、散发传单等。另一方面,又阴险地采取怀柔、欺骗的手段,大力培植殖民主义文化和教育。1932年到1933年,日伪相继成立了"满洲国通讯社""株式会社满洲弘报协会",实行"一个国家一个通讯社的"文化殖民政策,来压制广大民众的愤怒情绪和言论呼声。除了新闻掌控和舆论压制之外,就连传统戏剧和地方戏种也要审查,不合伪满"口味"和所谓"时宜"的极尽封杀。只能出演一些宣传日蒙亲善的新"编"剧目。1936年,泰安烧锅经理赵新兴等4人发起筹建"泰安有声电影院",并于1939年建成,本意为本埠增开文化窗口,促进文化繁荣,但在日伪的压力下,也只能放映一些日本国和伪满洲国拍摄的或是宣扬"王道乐土",或是歌颂帝王将相,或是美化灵异玄怪之类的糟粕,为依安县人民所不齿。

1938年,实行所谓"新学制"将依安县原有的4所高级小学改为国民优级学校,6所初级小学改为国民学校,村屯学校改为国民学舍。国民优级学校设日语、满语、算术、珠算、自然、手工、图画、地理、国史(满洲历史)、体育、修身、音乐12科,以"复古"为教育之宗旨,强制推行"奴化教育"。国民优级学校和国民学校还强迫建有所谓"童子军",每日里舞刀弄杖,操演集训,从小就对其进行殖民主义、法西斯主义教育。

当时学校的学生讲的只能是日语,学的只能是日本人选定的教科书,灌输的是忠于日本天皇的思想,学习目的是实现"日满一德一心"的建国精神。日本人肆意篡改历史:中国东北的历史成了"历来是满、朝、蒙三族的天下",胡说"汉族是恃强入侵的外来民族",妄图割裂东北与中原的历史渊源和血肉联系,为"满洲国"的成立伪造所谓历史"依据",从而披上合法的外衣。

在日伪统治下,中国东北人不能说是中国人,只能说是"满洲人";中国人不能有自己的信仰,只能是供奉日本的"天照大神"。当时,日本人在泰安镇西门外建有日本神社,除了供奉他们自己的战死亡灵外,还供奉有日本的所谓"天照大神"。学校要悬挂日伪国旗,聘请日本人为教师、副校长,师生之间见面必须用日语问候,而体育课之口令则全是日语,一旦走错了或是听不懂就要罚站甚至挨打。每日上课之前须要举行"朝会",全体师生恭恭敬敬向位于泰安镇西门外的伪满"建国神社"方向鞠躬，向伪满"帝宫""皇居"遥拜致礼；每日早晚还要举行日伪升、降旗仪式，奏唱日伪国歌，每周由校长"奉读"诏书（伪满洲国皇帝溥仪的所谓的即位诏书和访日的回銮训民诏书），向在校学生灌输"王道乐土""日满亲善""效忠天皇"等奴化思想；每月参拜神玺、参拜靖国神社与忠灵塔等。同时，日本侵略者为培养"忠君"的顺民，还极力鼓吹和利用中国的封建糟粕来奴化和愚弄人民。大力褒扬和宣传所谓"节妇""义仆"等。1940年，依安县国民优级教育学校（高小）一年级女学生孔祥桂因母亲常年有病，医治无效，在愚忠、愚孝及封建迷信思想的影响与毒害下，用手工刀在左臂上割下一点皮肉，捧供到佛龛内祷告。此事被学校发现后，作为"孝行"模范的教育成果而逐级上报，日伪当局如获至宝、大做文章，全县相继召开学生、商民、各界大会，日伪官员粉墨登场、前排就座，奖励和表彰"割肉疗亲"的孝女，一时乌烟瘴气、甚嚣尘上。

第二节　掠夺为目的，经济侵略

在经济上，采取疯狂手段攫取大量资源或是充当军需，或是运往东瀛。1932年，傀儡政权伊始，伪政权与日本签订了一系列卖国条约。例如，日本关东军司令官兼日本驻"满洲国"全权大使本庄繁与伪满国务总理兼文教部部长郑孝胥签订《满洲国铁路、港湾、水路、航路管理及新线修建管理协定》，规定由日本关东军接管这些基础设施，由关东军委托满铁经营管理。1932年8月5日，伪"满洲国"颁布了"满洲经济统治根本方案"，规定"日伪经济合为一体"，"日本关东军司令部和满铁株式会社为东北的经济机构"。

　　根据这些"条约"和"方案"，日本关东军完全撕下了那张蒙蔽世界的"遮羞布"，开始从幕后走向前台，明目张胆地扼住了东北的命脉，攫取了东北的经济大权。将东北地区的粮食产销、食盐买卖、畜牧渔猎、物流贸易等经济活动紧紧地控制在日本人的手里。并采取了一系列的高压手段来强制推行其经济政策。主要体现：

　　第一，抢夺农民土地，逼迫"粮谷出荷"。1936年5月9日，日本国广田内阁公布"向满洲国移驻农业移民百万户计划"。在此之前，1936年4月30日，日本关东军即在伪满洲国"首都"新京（今吉林省长春市）召开了第二次移民会议，通过了《满洲农业移民百万户移住计划案》，拟定由伪满政权划出移民用地1 000万町[①]。从1937年起的20年内，向东北移入日本农民100万户计500万人。据不完全统计，日本在侵占中国东北期间，共派遣"开拓团"860多个，共330 000多人。"开拓团"强占或以极低廉的价格强迫收购中国人的土地，然后再租给中国农民耕种，从而使500万中国农民失去土地、四处流离或在日本组建的12 000多个"集团部落"中忍饥受寒，其间冻饿而死的人无法计数。

　　1935年8月，日伪在泰安镇西白沙井以建所谓满铁"自警村"的名义，移入日本人9户计35人。1940年2月，日本政府在依安县冷家店（今依安县新兴乡爱民村）东，建日本开拓团，当年移入日本人57户，206人，强占农民土地15 000余亩。当年，日本侵略者以建立满洲开拓会社的名义，在依安县泰东区移入日本开拓团，侵占农民土地253垧（3 795亩）。为"友善"接纳日本开拓团，"满洲国"政府下令："对满拓入植区划内的各县农

①町，音挺。我国古代之地积单位，后传入日本，为日本之标准计量土地面积单位。按日法：1町＝10反，约9 917平方米，近公制1公顷。

民的土地予以征用。"通过伪乡村公所对拟征用的农民土地进行"缴照""变价""登录",以低于市值几倍、十几倍的超低价强行"买"入农民赖以生存的土地,转手又以租赁的形式租给失去土地和家园的农民耕种,并收取高额地租。而许多农民为养家糊口、维持生计,万般无奈之下,不得不向日本开拓团"申请签订契约",重新"租回"原本属于自己的土地,每年向吃人的侵占自己家园的强盗交出辛辛苦苦浸满血泪的地租。而交完地租的余粮还要被日本人强行"粮谷出荷"。所谓"粮谷出荷",意为出售货物或商品,是日本帝国主义强制中国东北农民将其所生产的大部分粮食,按照日伪政府所规定的收购数量和最低的收购价格交售的政策。"出荷"是日语出售的意思,中国农民叫"抢粮"。即强制农民除缴纳田赋外,必须按官定的数量、价格在规定的时间内,把粮谷出售给日伪的"兴农合作社"。农民所种的稻谷、小麦、大豆、高粱、谷子、玉米甚至高粱糠都是"出荷"的对象。"粮谷出荷"是日伪统治时期农民一项极为沉重的负担,它是在农业统制政策下,以极低的官定价格,以极其野蛮的方式,把日伪所需的农产品全部掠夺到手。该政策的实施完全是依据"需要多少取多少"的原则,表现出明显的掠夺性,农民甚至付出生命代价完成任务。"粮谷出荷"给农民带来了巨大灾难。在每年的春耕之前,伪满政府与当地农民签订"出荷契约",各农户按照指定的作物进行播种,每年春耕前,县里发给每个农户一张"农作物种植面积、预收量、出荷量登记表",填写户主姓名、年龄、家庭人口、劳动力雇佣情况、雇佣几个人、几头耕畜、耕地面积、自种多少、租种多少、分作物品种收获量、出荷量等,同时发一张粮谷出荷证,以示出荷品种。春播以后,由县公署统一组织人员到各村、屯,伙同村、屯长、警察依表到地里查看,确保指定作物的种植。从作物品种到播种面积,完全无视农民的意志而强加。规定最高"出荷"量，秋后不问收成丰歉，必须足额按"出荷契约"如数交粮。秋后"出荷"之日，日伪政权向全县各乡派出所谓的"督励员"气势汹汹手拿木刀、大棒下乡催粮、搜粮，按时按量完不成"出荷契约"的，轻则一顿毒打，重则烧毁民房。如果有刻意藏粮不交的，那就要杀鸡给猴看，抓起来上老虎凳、灌辣椒水，然后送到深山老林或煤矿井下做劳工，最后葬身荒野。

1943年，日伪为保证"粮谷出荷"顺利进行，将依安县县内所有粮栈集中，成立所谓的"粮栈组合"，由日本人把持和主管，收购农民粮食。其价格低、标准高、验收严，日伪警察任意挑剔，蛮横无理，农民稍有不满，立遭打骂，或有反抗，即被诬为"反满抗日"而投入牢中。农民交完"出荷粮食"后所得的粮款还得被强行"捐献""储蓄"，害得农民"两手净光光，家无隔夜粮"。1943年，日伪政权就通过这种灭绝人性的疯狂掠夺从农民手中强征"出荷粮"约15 127万公斤。1945年"八一五"光复前，又强迫收购大豆、小麦、玉米、高粱等十余种"出荷粮"约3 500万公斤，占当年总产量的78%。

当时在依安县农村流行的一首民谣，唱出了广大农民在日伪统治下被逼"粮谷出荷"的悲惨景象："出荷粮，出荷粮，穷苦百姓遭了殃，粮逼净，全抢光，小孩光着腚，老婆没衣裳，吃的橡子面，饿得脸发黄，小孩拉不下屎，憋得喊爹娘，领点更生布，回家度时光。"

第二，推行物资"配给"，实行经济封锁。1939年6月15日起，为了进一步扩大侵华规模，支援关内战事，日伪政权加紧了对广大农民经济上的搜刮和封锁，开始实行所谓的"配给制"。尤其对粮食控制得更严。1941年，日伪政权在依安县实行"七二五"冻结商品价格（严格规定从7月25日起，所有商品须保持原价，不得涨价），重要物资（包括专卖品），一律实行票制，对百姓生活必需品进行配给。伪满洲国兴农部、治安部专门制定《饭用米谷配给要纲》，实行粮食配给。法律上明确规定，甲类粮（细粮），只供给优秀的大和民族，乙类（粗粮）供给劣等民族（满洲国），在伪满全国实行了粮食配给制度，而在实行配给制的城市里，给日本人发红皮的粮本（通账），规定红粮证每人每月供应大米、面粉30斤，黄豆10斤，朝鲜族是日本籍的半岛人，可以吃混入大米的小米饭。中国人不可以吃大米、白面等"细粮"，吃了就是"经济犯"，轻则一顿暴打，重则服刑做苦役。1945年6月，泰安镇南门警察所长聂某，以"经济犯"为由，将泰安镇居民刘凤琴之母踢流产丧命，其父被毒打后，悲愤交加，不治而死，致其家破人亡。

伪满给中国人发绿皮粮本，规定每人每月供给高粱米或玉米面20斤和部分杂豆，到后期随着粮食供应的恶化，中国人就更惨了。就连喂猪用的橡子面也不能完全果腹，市场萧条，民有菜色。饿死人的现象时有发生，饿殍、"路倒"比比皆是。除了粮食实行严格的配给之外，其他生活必需品，如煤油、肥皂、香烟、棉布、毛巾、白糖，甚至火柴等也要凭票配给。

第三，狂征暴敛，苛捐杂税。民国时期，依安县的财政收支平衡，略有盈余。以1929年为例，当年县级财政收入大洋75 815元，支出大洋71 187元，收支绰绰有余。而伪满时期，由于日本帝国主义的残酷掠夺，加上灾患频仍，土地荒芜，产品滞销，民不聊生，另有苛征暴政，杀鸡取卵，竭泽而渔，甚于猛虎，以致财源枯竭，入不敷出。为维护其地方统治及保证军需费用，日伪又以增加税种、发行债券、统一货币、纳金贡献等方式，巧立名目，巧取豪夺，令广大民众苦不堪言，陷蹈水火。在税收上，除了沿袭民国时期的三大税系几十种税负外，又通过加征税目、调高税率等手段，增加各种捐税50多种。仅1941年一年，就在原有税收基础上，加收税捐84 122元，占当年财政收入的93%。1932年6月，"满洲国"公布《货币法》《满洲中央银行法》及《满洲中央银行组织办法》，撤销东三省官银号、吉林永衡官银号、黑龙江省官银号边业银行等，成立伪满中央银行，责令广大民众限期到伪满银行兑换伪钞，过期不付。是年8月21日，伪满设立"金融组合"。以此控制农民和小工商业者的资金流向。1934年9月，依安县伪"金融合作社"成立。从成立那天起，伪"金融合作社"就是彻头彻尾的日本军国主义对中国实行经济压榨的帮凶和工具。伪"金融合作社"除了控制广大民众的资金流向和流通规模外，还采取"认购公债"和"强制储蓄"等伎俩，强迫中国人为其侵略战争作贡献。1944年4月，"满洲国"政府颁布《必胜储蓄规则》，强迫民众储蓄，至1945年"八一五"光复，依安县民众共被强迫储蓄伪币583 908元。

随着日本军国主义在太平洋战场上的节节败退，其人力、物力耗费巨大。各类战争物资供应严重匮乏，日伪当局对广大民众的搜刮更是变本加厉，无以复加。除了采取战时大增税、强制储蓄和"认购公债"、强制"出荷"等手段外，还强制推行了所谓的"金属献纳运动"[①]。将老百姓手中的铜铁铝等民用金属献纳出来以充军用，弥补其战时的金属短缺，后来甚至老百姓手中家里的锅碗瓢勺、金银首饰等金属制品也被洗劫一空。导致老百姓家里许多祖传器皿或珍贵文物被强行征缴。

第四，强迫农民"勤劳奉仕"。所谓"勤劳奉仕"，日语意为辛劳为公益事业尽力，这里指为日伪殖民统治者尽心效力。按"奉仕"的具体内容分为农耕、开垦、牧畜、土地改良、土木、建筑六大类。1939年，"满洲国"颁布"劳工法"，规定：凡年

---

①献纳：日语意为向国家、寺庙及神社奉献物品。

满14—50周岁的男性国民皆属"劳工"对象，须按户登记，每年下达的劳工数额，在劳工对象中摊派，有钱人可以行贿或雇人顶替，所以，实际出"劳工"者皆为贫苦之家。1943年依安村（现依安县依龙镇）农民屯贯广富兄弟四人，按劳工登记册先后被强抓劳工（"勤劳奉仕"），三人惨死于煤矿井下，一人侥幸逃出，在冰天雪地之中，也不幸被冻掉两个脚趾、半个脚跟，落下终生残疾。

第三节　残酷之本性，疯狂镇压

日伪当局在对东北实行资源上疯狂掠夺、经济上吸干榨净的同时，唯恐人民起来反抗，又采取了种种骇人听闻的手段对广大民众进行残酷镇压。1932年9月12日，"满洲国"在新京（今吉林省长春市）公布"《治安警察法》"。严禁民众结社、集会，取缔抗日言论，不许张贴图画、散发传单等。同月，"满洲国"成立以伪国务总理郑孝胥为委员长的"中央清乡委员会"，以下各省、市、县也相应成立"地方清乡委员会"，配合日本关东军对广大民众和抗日武装进行"清剿"和镇压。另外，日伪当局又费尽心机下令将伪黑龙江省省团以上军官的妻子儿女等家眷留在省城齐齐哈尔市作为人质，以防止伪军官兵临阵倒戈反正。

1933年，伪满政权派日本人伊藤正任"满洲国"驻依安县参事官（后改称副县长，县长为中国人，但是实际决策是日本副职说了算，中国人虽为县长，也只是负责执行），渡边四郎为驻依安县警务指导官。与当地汉奸、劣绅相勾结，建立伪地方政权，并在县级组建警备队，各乡建自卫团，日本的统治触角遍及依安全县城乡。后于1935年，日本侵略者为进一步控制和镇压中国人民，维持其残暴统治，又在伪满警务局增设专职特务股，专门负责窥探广大民众思想动向，搜集反满抗日言行。广大民众稍有不慎，就会被扣上"反满抗日"或"抗联分子"等罪名而惨遭杀戮。

1934年2月14日，是农历甲戌年的大年初一。依安县依南保（今依安县富饶乡）伪警备队队长吕清和率自卫队队员8人骑马引路，伪依安县警务指导官日本人渡边四郎带领20余名全副武装的日伪警察押后，气势汹汹地将依安保兴仁甲（今富饶乡兴仁村）农民曲殿臣家团团围住，机枪压顶，封锁大门，水泄不通。不容分说，将曲殿臣的父亲曲乃善、曲殿臣兄弟五人（曲殿臣排行老三）、曲殿臣之子曲福堂逐个五花大绑，扔上卡车，以"通匪抗日"的罪名押送伪依安县警务局（今依安县依龙镇）。后经证实，此罪名实属子虚乌有，是伪警务队队长吕清和挟私报复。原来，"满洲国"成立以后，日伪政权为镇压"反满抗日"活动，巩固其野蛮统治，在各保（类似现在的乡级单位）组建自卫队，向大户派枪、派人、派钱，同时，换发私有持枪执照，为以后收缴民枪做准备。曲殿臣一家当时种有田地2 200多亩，家境比较殷实，由伪依南保"摊派"出枪一支，因无枪可出，警备队队长吕清和遂让曲家出钱3万8千吊交自卫队买枪，曲家没有答应，吕清和遂以曲家有"旧匣枪一支非属本名""过期没有照章换照"为借口，派自卫队队员付海山到家催枪换照，孰料，争执中付海山的大衣被曲家狗咬破，付开枪将狗打死，遭到曲殿臣之父曲乃善的严厉斥责，吕清和恼羞成怒，竟以1933年"楞字"匪首李财路过期间在曲家住过、并以次马换走好马为理由，诬陷曲家"通匪"并上报伪依安县警务局。而伪警务局派警察常香久前来调查时，乘机敲诈勒索二百两大烟土不果，遂与警备队队长吕清和、警察所所长刘恩志合谋陷害。因"楞字"首领李财曾与日军交过手，将追击日军击毙9人，警备指导官渡边四郎、小林义雄恨之入骨，遂将曲家7人解送泰安日本宪兵队。渡边四郎亲自审讯，严刑拷打，上大挂、上老虎凳、灌辣椒水，但7人终无招认，日本侵略者遂于3月19日惨绝人寰地在泰安镇南门外草原边将曲家7口刀砍枪击、残忍杀害。当时曲殿臣中枪时即昏倒在地，幸子弹从头骨穿过，没能伤及要害，日本人补枪时又击中大腿，毙后埋土不深，后乘天黑爬出，遇好心人救回，方得一命，但由于天寒地冻、滴水成冰，曲殿臣左脚五趾和脚跟冻掉，造成终身残疾。

1942年2月1日，日本警尉松原俊三郎欲逮捕为抗联办事的张春生未遑，便将张春生的妻子和不满周岁的孩子抓到省城齐齐哈尔作人质。后来，张春生被捕。灭绝人性的日本强盗竟将张的妻子和孩子数九寒天双双推出警察厅的牢房遗弃在滴水成冰的大街上，活活冻死。

1942年2月下旬，一列从北安发往齐齐哈尔的日本军用列车，在凌晨3时许，驶到泰安镇东南铁路桥时脱轨，造成包括司机王铁黎、副司机孙维周、司炉小李当即丧命，日本军人死伤多人。事发后，凶神恶煞的日本人出动大批的军、警、宪、特在泰安镇全城展开了长达半个月的血腥大搜捕。整个搜捕行动由依安县警务科特务股长日本人广田胜普为核心，会同警务股长清井勇（日本人），率领警务科、泰安警察署的全体警察及调来的宪兵、特务等分成四个班，对泰安镇进行地毯式的搜捕排查。每班负责一个隅（日语，相当于现在的一个街区，泰安镇共分为东南、西南、东北、西北四个街区）。除进行居民搜查外，重点针对大车店、旅馆、饭店、妓院、剧场、电影院等公共人烟辏集之处。一旦发现没有身份证明、外地口音，甚至面相可疑、言语支吾者，不问青红皂白即行逮捕。以至于游方的和尚道士、串巷的小贩游医也成了查究问捕的对象。像铁匠炉、兽医桩、挂马掌之处更是重点之重点，一经发现有铁轨、道钉或嵌入式铁棍撬杠等必死无疑。

日本宪兵队泰安分驻所以曹长（相当于上士军衔）山岸为首的宪兵（日本人）、宪补（中国人）分成3个组，对逮捕来的铁路工人、脚行苦力共150多人，进行轮番审讯、拷打。据被当时拷打过的工人，现为依安县铁路离休工人张德山控诉和回忆，讯问和拷打采取两个人一组"背对背"的方式，发现口供有"出入"或对不上茬儿的地方，就让当事人互打"协和"嘴巴，一直到昏倒为止。整个搜捕期间对抓进来的人是"一宿一宿的过堂"，每次讯问必打。日本宪兵队采用的酷刑令人不寒而栗。动用的刑法有皮带抽、竹剑打、灌凉水、跪碗碴子、举木棒、过电椅等。脚行工人李明志连日遭受拷打摧残，曾数次昏厥，放出来后两三天就死了。线路工张志忠也在严刑之下落下终身残疾。

日本侵略者视中国人的生命如草芥，杀人如儿戏。1932年8月11日，在齐（齐齐哈尔）—克（克山）铁路"护路"的日军40余人，来泰安镇"浏览"，在泰安镇西市场"取乐"枪杀一名喝醉了酒的中国人。同年10月25日，一架贴着"膏药"旗的日本飞机，飞到依安县通宽镇奉天屯（今依安县上游乡红光村）上空，围着屯子转了几圈。老百姓从来没有看过飞机，当大家像看西洋镜似的出来仰观之时，万恶的日本侵略者投下了罪恶的炸弹，全村有多人被炸死、炸伤，另有马匹、房屋等死伤损失无数。据死里逃生的尹玉堂老人回忆："1932年，我刚满15岁，10月25日，我父亲在本屯老吕家大院的碾房做木工活，我在院子里玩。快到晌午的时候，听到有'嗡嗡'的声音，抬头一看，从南边（泰安镇方向）来了一架日本飞机，在空中围着屯子转圈。我听见过世面的大人说起过飞机在城里撒传单的事，就好奇地站在大门旁的墙磕子上看热闹。一会儿工夫，只见飞机从肚子下掉下两个黑蛋蛋。随着'轰轰'两声巨响，我一头扎在地上就什么都不知道了……当我苏醒过来的时候，只见院内乱成一片，东厢房的马棚已经不见了，东家的十几匹马横七竖八地躺在地上，血肉模糊，有的肚子炸开了花，有的少了一条腿，到处是血肉和牲口的残肢皮毛。我自己的大腿鲜血直流，被炸出了三指多大的一个透眼。我连滚带爬地来到我父亲的身边，看到父亲用手捂着肚子，肠子已经出来了。后来，是乡亲们把我抬回家，然后又用担架将父亲送往泰安镇医院。经大夫检查确诊是膀胱炸坏了，弹片仍在腹腔内，因失血过多，不能治疗了，让赶快抬回家预备后事，结果刚刚抬到东门，父亲就含恨离开了人世。"

日本军国主义的侵略战争，给依安人民带来了无尽的战争灾难。他们烧毁房屋、炸死无辜百姓，其罪行恶迹，罄竹难书，令人发指。如县立泰安女子小学校长郑淑真就是在日军的狂轰滥炸之下喋血长街的。当时日军与朴炳珊部在泰安西大营（现依安县奈伦公司院内）与依克明安旗公府之间激战，重创日军并击毙敌林中队长（日本人）后，向讷河方向转移，日本侵略者恼羞成怒，遂调动集结飞机重炮向泰安城内手无寸铁的无辜百姓痛下杀手，进行报复，一刹之间，整个泰安镇一片火海。据日本人高山安吉（时任满铁修建齐克路克山段的后任总指挥）在其所撰的《满洲铁路建设秘话》中"与马占山遭遇记"一文中的描述："酷寒的十月二十八日[①]，我乘飞机向克山飞去，途中从空中往下看，泰安车站已化为灰烬。附近的部落正在炽烈的燃烧中，红色的火焰吞舔着家屋，滚滚的黑烟，冲向天空。实在是呈现着一派凄惨的景象。"这是侵略者的自供状，也是这场侵略战争给依安人民带来深重灾难的真实写照。在日本军国主义长达14年的残

---

①1932年10月28日，编者注。

暴统治下，东北民众受尽了屈辱和蹂躏。在水深火热中煎熬，在噩梦与苦难中挣扎。

哪里有压迫，哪里就有反抗。日伪残暴统治下的依安民众忍无可忍，挺身而出，采取不同形式与日伪政权进行不屈的抗争。

1933年，依安县农民李财（报号"楞"字）率领手下集聚起来的一部分农民武装，在依安县龙泉保德发甲（今依安县依龙镇德发村）与清乡的日军展开激战，击毙日军9人，击伤多人，沉重地打击了侵略者的嚣张气焰。

一支报号"天照应"的农民抗日武装也辗转战斗在依安、拜泉、林甸一带，神出鬼没，寻机给侵略者以沉重打击。后于1933年在依安、林甸交界处被日军包围，队伍被打散。

1933年7月，一个月黑之夜，无恶不作的伪骑兵十五团少尉副官宫剑寻欢作乐后回家途中，在泰安镇被抗日人员杀死在大街上，事后虽经全副武装的日伪警察在泰安全城展开了挨家挨户的大搜捕，但一无所获。此事大快人心，在老百姓中流传极广，甚至震动了"满洲国"的敌伪上层。

1934—1935年间，极富传奇色彩的平民英雄郑文山，为反抗日伪统治，誓与"康德"为敌，组织100多名志同道合、生死相托的结义兄弟，揭竿起义，举起反满抗日的大旗，报号"平康德"，自为首领，下辖七个分队，每人配有长短双枪并各有坐骑，专门袭击日伪武装，纵横驰骋在松嫩平原一带。在依安、富裕、三家子、兰家窑等地，以"杀富济贫、为国为民、专打日本人"为口号，与日伪激战数十次之多，给号称"战无不胜"的大日本皇军与伪满武装以重创，让日伪闻风丧胆。

1945年6月12日，依安县富海村东新屯（今依安县新屯乡）农民王怀，不忿伪满警察上门敲诈勒索、催粮逼税，怒火中烧，操起家中的杀猪刀，将前来逼税的伪依克明安旗警务科科长包文海一刀毙命，又将同伙伪警长王德玉刺成重伤，然后弃家出走。伪北安省警务厅厅长日本人渡边兰之闻讯亲自率领几十名全副武装的日本宪兵前来封锁搜捕，经几天几夜的蹲坑守候、入户搜查未果，又将富海村东新屯周围几十里像篦头发一样篦了一遍，仍无所获，气急败坏的伪警务厅长渡边兰之无奈之下只得将王怀的妻子和不满8岁的儿子锒铛入狱，同时被殃及被捕的还有几十名无辜群众。

人民群众的奋起抗争给日伪政权以沉重打击，同时，也给苦难深重的依安人民带来了逆境中的信心和生存的希望。

第三章　依安县的抗日斗争

第一节　抗日联军在依安县的战斗

自1931年9月18日，日本军国主义发动举世震惊的"九一八"事变后，整个东北沦陷，东北人民开始了长达十四年暗无天日的"亡国奴"生活。但是，英勇的中国人民从来没有屈服，东北人民从来就没有停止过反抗和战斗。1931年9月19日，日本帝国主义发动"九一八"事变的第二天，中国共产党满洲省委即发布《为日本帝国主义武装占领满洲宣言》，号召人民武装起来，驱除日本帝国主义。9月23日，中共满洲省委作出《对士兵工作的紧急决议》。要求各地党组织积极开展兵运工作，发动士兵就地武装抗日，或开赴农村帮助与发动农民进行游击战争。一时间，整个东北风起云涌，同仇敌忾，在中国共产党的发动、组织与领导下，开始了艰苦卓绝的武装抗日征程。

（一）宝泉杀汉奸

1937年秋，中国共产党领导的东北抗日联军第三支队下属的一支小分队共十余人，在支队长王明贵的率领下，从北安省（现黑龙江省北安市）出发，去"三肇"（肇东、肇源、肇州）与大部队会合集结的过程中，途经依安县宝泉镇的北沟子（现依安县阳春乡精进村一屯），此系军事绝密情报，不慎被宝泉镇伪警察署署长李凤山（绰号"李小胡子"）侦悉。这个被日本军国主义所豢养的走狗，狂妄自大，不知天高地厚，妄图用一场"胜利"来报效日本主子，他邀功心切，利令智昏，顾不上向日本人汇报或请求支援，翻身上马，带着手下四五十个自卫团丁，沿着抗联小分队足迹，一路尾随，边追边喊，并不住鸣枪壮胆。当追至西沟子南侧（现依安县阳春乡阳春五、六屯）时，被早有准备的抗联战士等个正着，走在后面断后的一名小战士回身一枪，李凤山应声落马，当即毙命，结束了汉奸可耻的一生。其余的一些虾兵蟹将见势不好，慌忙逃命，作鸟兽散。

（二）奇袭冷家店

1940年8月24日，初秋的一个傍晚，隶属于东北抗日联军第六军十二团的一部人马50多人，在团政治部主任王钧的率领下，于西进途中，趁着夜幕，准备在新立屯（现依安县新兴乡爱民村四屯）宿营，然后利用晚上时间开展群众工作。部队安顿后，王钧听取了地下交通员和当地老乡对日伪残暴统治的情况介绍，仔细分析了面临的形势，决定在此地教训一下日伪政权的嚣张气焰，替当地深受其害的老百姓出一口恶气，同时，也鼓舞和提振一下广大民众的抗日热情。午夜时分，部队分前后两面包围并奇袭警察二分所（冷家店），伪警察所所长杨泽民在睡梦中猝不及防，仓促组织手下十几个警察及自卫团丁，凭借院墙、房屋拼死抵抗，但根本不是抗联战士的对手，一触即溃、非死即伤，杨泽民见势不妙，扔下部下率先狼狈逃窜。抗联部队大获全胜，无一伤亡。占领冷家店后，王钧命令部队迅速清扫战场，纵火烧毁伪警察所。部队在当地老百姓的欢呼声中安全转移。

（三）夜战通宽镇

通宽镇（今依安县上游乡建明村，时为克山县管辖）地处克山、依安、讷河三县交界，在泰安镇东北18公里处。往南可就近齐（齐哈尔）—克（山）铁路，直下省城齐齐哈尔，往西可借道讷河深入大兴安岭，往东是克山境内，可迂回辗转取道德都县（今黑龙江省五大连池市），或转战东山里，或退守苏联，属军事意义上的南北要冲。1940年7月，青纱帐起之后，黑嫩平原敌我斗争形势紧张残酷。东北抗日联军第三支队为冲破和粉碎敌人的疯狂"讨伐"，破坏"集团部落"和伪满保甲制度等基层组织，于8月上旬到倭都台会见了中共讷河县委宣传部部长方明玉同志，共同商讨并制定了深入发动群众、掀起"龙北"抗日斗争新高潮的策略。从此，抗联第三支队改变了以攻城为主要目标的单纯军事活动和战术，把工作重点放在发动群众、组织群众、建立地下政权方面。为此，第三支队党委决定调刘中学中队长带领手下指战员配合讷河县委做地方群众工作，每天深入几个村屯，通过集会演讲、戏剧演出等形式深入开展群众工作，提高群众抗日觉悟。与此同时，伺机狠狠打击和严惩压迫群众的伪警察、伪官吏。

1940年8月，东北抗日联军第三路军三支队支队长王明贵和参谋长王钧率领大约七十名抗联战士，借着朦胧的夜色和青纱帐的掩护，轻装简从，倍道而行，于午夜时分来到通宽镇西的一片小树林里。支队长王明贵、参谋长王钧在听完前哨的侦察人员汇报的敌情后，果断下令发起攻击。一时间，枪声骤起，火光冲天。值班的警察和巡夜的自卫团员猝不及防，稍作抵抗，便狼奔豕突，四散躲避。在英勇的抗联战士火力压制与奋勇呐喊声中，伪警察和自卫队员们或缴枪投降，或丢盔弃甲，狼狈逃窜。是役，抗联共缴获大批枪支弹药。在对俘获人员进行教育训导后，将其释放回家，然后一把火烧毁了伪警察署，并当即召开了通宽镇群众参加的鼓动大会，细数了日伪当局的种种罪恶，散发了大量宣传抗日的传单。此次战斗，抗联支队拔去了一颗西进途中的

"钉子"，大大鼓舞和坚定了敌占区内我广大民众的抗日信心，提升了抗日联军驱除外侮、收复河山的崇高形象。

（四）缴械亚麻厂

1941年8月初，抗联某部小分队数十人，乘黑夜摸进了泰安镇亚麻厂（今依安县依安镇东郊"摇篮乳业"公司）。以迅雷不及掩耳之势，迅速占领整个厂区制高点后开始向纵深攻击。然而负责厂区守卫的门岗守卫不肯缴械，并开枪抵抗，相持之下，被抗联部队开枪击毙。厂内日籍职员及家属惧战慌忙关灯，并趁黑四处躲藏。混乱中，一名职员丧生，其余皆束手就擒。抗联分队控制局势后，逐一查抄勘验，未见日军余孽，遂从容向东南方向撤走。

东北抗日联军在依安县境内的几次对日军作战，大大提升了抗日联军的声威，鼓舞了全体军民抗战的决心和信心。使广大人民群众对抗联心存感激和向往。许多年轻力壮的热血青年纷纷要求参加抗日队伍，拿起刀枪，同日军决一死战，早日把日本侵略者赶出中国。出现了父送子、妻送郎参加抗联的感人场景。据资料记载，从1932到1945年的时间里，全县先后有数十人参加了抗联队伍。他们战斗在歼敌的前线，冲锋陷阵，英勇杀敌，有的负伤致残，有的甚至献出了宝贵的生命，为抗日战争的胜利做出了不可磨灭的贡献。依安县双阳区兴民村贫苦青年黄德山，14岁便给地主放猪扛活，饱受地主的剥削和辛酸，他在内心痛恨地主老财。抗日战争爆发后，他不甘心做亡国奴，昼思夜想向往抗日联军，总希望亲自扛枪打日本侵略者，报仇雪恨。他利用闲暇时间，四处打探抗联的消息，终于在1944年2月，如愿以偿地参加了抗联，除了在依安境内同日军决战外，还跟随抗联队伍南征北战东拼西杀。1945年4月，在辽宁省丹东市一次围歼日军的战斗中壮烈牺牲，年仅17岁。他的英雄形象永远活在依安人民的心中。他的名字已经载入第一部《依安县志》第十八篇人物表中的《烈士英名录》之中，为依安人民世代铭记和敬仰。

第二节　中共党组织在依安县开展活动

1931年"九一八"事变后，中共中央发表《为反对日本帝国主义强占满洲的决议》，指出"党在这次事变中的中心工作是加紧发动群众反对帝国主义"。要求"东北党组织开展游击战争，打击日本侵略者"。中共满洲省委也发布《为日本帝国主义武装占领满洲宣言》，号召人民武装起来，驱除日本帝国主义。中共满洲省委团结抗日义勇军等一切可以团结的力量，组织东北抗日联军，从民族大义出发，提出"枪口对外，一致抗日"的主张，在条件极其艰苦的情况下，领导和指挥抗日军民战斗在白山黑水之间，沉重地打击了日本侵略者的嚣张气焰，阻滞了日军全面侵略中国的节奏和步伐。为中国人民的抗日战争和世界反法西斯战争取得最后全面的胜利作出了不可磨灭的贡献。在整个抗战期间，中共满洲省委多次派出得力干部来依安县开展抗日活动，发动群众，扩大宣传。为依安的光复和解放作出了贡献，甚至付出鲜血和生命。

1937年初，受上级委派，抗联战士罗明星、孟昭庆秘密潜入泰安镇，发展力量、搜集情报、宣传抗日，不幸身份暴露被汉奸盯上。1938年9月，伪泰安镇警察署特务刘安仁、刘永锦与吉林省九台县伪警务科警尉杨景新、警察云子香等相勾结，采取监视居住、化装盯梢等伎俩，将隐蔽在泰安镇的罗明星、孟昭庆秘密逮捕，极尽摧残后，带回吉林九台县杀害。

1939年8月，中共北满省委决定，成立由省委直接领导的中共讷河中心县委，书记尹子奎，宣传部长方冰玉，青年部长小林，妇女部长陈静山。中共讷河中心县委的主要工作任务是发展党组织，动员群众，组织抗日救国会和抗日武装，配合北满抗联部队开展游击战争。领导讷河、嫩江、克山、泰安（今依安县）、甘南、洮南、布西等县抗日斗争。

1939年至1940年4月，中共讷河中心县委发展组织建立秘密联络点。分别在讷河县天字十九号、天字二十号、前后倭都台、九井头站、孙地房子屯、拉哈街、李家窝堡、育才学校、城东里车店、克山县北兴镇、"三义和"成衣铺、平安电影院、泰安县（今依安县）镇东理发店，洮南县城北门外米云伦家等地建立了15个秘密联络点。

1940年6月，讷河中心县委宣传部长方冰玉带领肃反自卫队袭击了讷河境内的伪保安村公所，缴获了一台油印机。利用这台油印机，翻印了中共北满省委秘书处印发的《中国人民解放军的建设》《告北满各界同胞书》等文件和传单、标语，通过抗日救国会员和抗日联军散发到讷河、克山、泰安（今依安县）等广大地区。

1940年秋冬时节，受组织的派遣，中共讷河中心县委（地下）宣传部长方冰玉来泰安镇扩大中共组织，发动群众，开展地下工作。方冰玉，又名方明玉，真实姓名叫姜贵和，也曾化名李相坤，原籍山东省海阳县，1935年，加入中国共产党，开始在秘密战线工作，曾任中共下江特委（中共在松花江下游建立的领导三江人民抗日斗争的地下党领导机关）组织部长。1939年，以与泰安镇居民曹和、平辅周、吴德安等合资筹办杂货铺的名义经商，而公开身份是杂货铺老板。由于工作积极，发动群众进展顺利，其影响日增，声播于外，渐渐地被伪警察和特务密探所注意，终因叛徒出卖，不幸被伪北安警务科搜查班逮捕，受尽折磨后，坚贞不屈，于1940年12月8日英勇就义。

1942年，抗联战士王某某乔装打扮成"货郎子"（对走街串巷肩挑贸易小贩的俗称），潜入泰安镇开展秘密工作，几个月后，不慎被密探告密。"满洲国"依安县日伪特务潘殿祥接到告密后，率特务将王货郎子（惜其真名不详）公开逮捕，经过严酷的拷打逼供后，王货郎子坚贞不屈，誓死不说，敌人见一招不成，又采取怀柔办法，以金钱等名利诱其变节，王货郎子大义凛然，仍不为所动，恼羞成怒的伪满特务遂将王货郎子押往伪北安省日本宪兵队邀功请赏，后于当年冬天被惨无人道的日本侵略者杀害。

1943年7月，抗联人员在泰安镇的秘密联络点正在聚集开会时，不慎被伪满依安县警务局特务股长杨雨林（因其大腹便便，老百姓戏称之为"杨胖儿"）获悉，随后汉奸特务杨雨林率领特务队将抗联人员在泰安镇的秘密驻地包围，突然袭击，破门而入，逮捕了抗联人员刘全德等5人。同年8月，送至伪北安省关押审讯折磨，5位抗联同志拒不投降，后于1945年8月14日，日本投降前夜，由日本宪兵队亲自动手，将刘全德装入麻袋活活摔死，其他抗联人员亦被残忍的日本宪兵队逐一杀害。

1942年6月，中共中央东北工作委员会（简称"东委"）在晋察冀分局所在地平山县成立，并由晋察冀分局代管，书记由晋察冀分局代理书记程子华兼任，副书记刘仁(分局组织部长)、韩光。由韩光负责组建"东委"机关，主持日常工作。"东委"的主要任务是挑选、训练干部，向东北秘密派遣，在敌占区进行建党工作，积蓄力量，潜伏待机，配合反攻。1942年11月，中共党员张福接受训练后，被"东委"派遣到齐齐哈尔，长期潜伏，发展党组织，开展地下抗日工作。1943年初，张福到达齐齐哈尔，因齐齐哈尔有河北省安国县齐村的老乡和同学，更便于潜伏和开展工作。他在老同学的帮助下，先后在讷河、泰安（今依安县）等地秘密活动。他在讷河秘密发展党员；在泰安等地张贴抗日标语，散发抗日传单进行反日抗日宣传等，以此来揭露日本侵略者的罪恶，鼓舞广大人民投身到驱逐日本帝国主义的伟大斗争中。

第四章 解放战争时期

第一节 日本投降和苏联红军进驻

1945年8月15日，日本天皇裕仁宣布接受《开罗宣言》和《波茨坦公告》，无条件投降，世界反法西斯阵营取得了最后的胜利。中国人民用牺牲3 500万军民和几万亿美元的血泪代价，取得了抗日战争的胜利。这也是中华民族历史上自1840年鸦片战争以来在历次民族解放战争中所取得的第一次完全的胜利。

日本投降后，其原"满洲国"日伪官吏及其豢养的特务、爪牙等惶惶不可终日，一部分"死硬"者，悲天哭地、狂妄叫嚣要"效忠天皇陛下"而作了"玉碎"；一部分潜伏爪牙，伺机卷土重来。另有一些弃甲丢枪、望风而逃，作鸟兽散。依安县域之内，暂时形成了"权力真空"。

但不久，以蒋介石为首的国民党政府为了窃取人民用鲜血和生命换来的抗战胜利果实，派熊式辉作东北接收大员赶到了沈阳。他们不顾当时国共合作的局面，利用电台大肆攻击曾在极其艰难困苦条件下与日军浴血奋战的我东北抗日联军为"非法武装"。大汉奸张景惠为了逃避抗日军民的惩罚，借此机会，投靠了国民党。他从沈阳跑回长春，成立了"维持会"，并下令东北各省县以上原"满洲国"政府都改名为"维持会"，等待国民党中央军前来接收。

1945年8月16日，"满洲国"依安县县长施永珍、伪满警务科长王象贤、伪行政科长傅坤元、伪总务科文书股长王彭龄等人见大势已去、前途未卜，为保自身，以接到上峰指示为借口，以维持本县地方治安及民生安定"防止贼匪趁势盗掠"为名，在泰安街（今依安县依安镇）南大街路西之"恒兴顺"商号内室秘密纠集开会，研究制订了成立"依安县治安维持委员会"的宗旨、机构、组成人员以及工作任务等主要内容，会上责令王彭龄草拟维持会简章、刻制钤记（印信），秘密通知县内各商号赶制中华民国国旗（青天白日满地红）等。计议拟取消伪满县公署，收缴日本人武器，成立"临时"治安维持委员会，以待国民政府接管，并拟定了"依安县地方治安维持委员会简章"，沿街张布，以告民众。

8月17日，由施永珍、王象贤等率领原伪满警务科人员开进县公署，将在县公署工作及任职的日本人所佩戴手枪全部缴械，原伪满日本人副县长手枪也被缴械。并正式昭告日本人不准上班，在居所待命，听候处置。从这一刻开始，日本侵略者被赶下了统治依安人民的政治舞台。

8月18日，由施永珍召集地方官绅会议，公布了其拟定的"依安县地方治安维持委员会简章"，会上"公选"出委员长1人，副委员长2人，委员37人。原伪满县长施永珍为委员长，商务会会长吴启元、警务科长王象贤为副委员长。"依安县地方治安维持委员会"下设7个处、23个课。计：宣传处，下辖：宣传课、情报课，处长为原伪总务科庶务股长郁荫槐担任。地政处，下辖：地政课、登录课，处长为原伪地政科科长刘钦一。财务处，下辖：征收课、理财课，处长为原伪财务科科长吴承大。实业处，下辖：农业课、经济课、畜产课、垦务课，处长为原伪实业科长李毓芬。公安处，下辖：警备课、保安课、司法课、督察课，处长由王象贤兼任。内务处，下辖：行政课、交通课、卫生课、教育课、社会课、户籍课，处长为原伪行政科长傅坤元。总务处，下辖：庶务课、文书课、会计课。"治安维持委员会"下设公安大队，高丕功任大队长，其下辖3个中队，计有队员200余人。

8月19日，"依安县治安维持委员会"在泰安有声电影院（原址在现依安镇南四道街路西大市场南侧，80年代初期因失火焚毁）召开"治安维持委员会"成立大会。是日，全城工商业户、医院学校等均张灯结彩、悬挂"青天白日满地红"标志的国旗，贴出大红对联，有的写着"拨乌云、解枷锁、见晴天……"等，以示沦陷光复新生之归祖认宗。9时整，在原伪满县长、现"治安维持委员会"会长施永珍引领下，"治安维持委员会"一干人众鱼贯而入，衣冠登场，唱名任职。会上，由县商务会长吴启元、伪警备科长王象贤以"维持会"副委员长之职务分别宣布决定，各乡、村均须依次仿效成立"治安维持分会"，由原警察署（所）长或原村长担当"治安维持委员会"正副主任，组成人员悉数是原警察署（所）和原村公所的人马夫丁。

"依安治安维持委员会"是日本投降后临时性的"自发"过渡机构（实则受命于国民政府），时间很短，昙花一现。但在全县人民爱国热情的激励和客观形势的驱使、裹挟下，也做了一些工作，其简章中就明确写着"本委员会以维持本县地方治安和民生安全为宗旨"，而委员也是"由各机关首领及地方士绅充之"。就其机构本质来看纯属伪满县公署的改头换面，领导成员更是换汤不换药的旧班底重演，这也就决定了"治安维持委员会"从成立之日起就不可能代表广大民众的根本利益。加上其组织成员都是日伪旧吏，受日伪反动宣传的毒害很深，所谓盲目"正统"

观念较强，在"治安维持会"的领导层和绝大部分人员中还怀着"暂时维持现状，以待中央（指国民政府及国民党）接收"的思想倾向。甚至其中不乏有些人机会主义思想作祟，以"抗日义士""地下英雄"自居，幻想着"时势造英雄"，以便借此"寻靠山""找梯子""捞稻草"，进而加官晋爵，光宗耀祖，封妻荫子。

随着苏联红军的接收及形势的变化，"依安地方治安维持委员会"内部也发生了变化，同时也失去了存在的必要，不到年底这个权力"怪胎"就"寿终正寝"了。

1945年8月9日凌晨，百万苏联红军分西、北两线攻入中国东北。于19日上午，进入齐齐哈尔市内，占领了市内所有日军兵营，并在日军驻齐齐哈尔总部十三部队营区内，举行了受降仪式。

随着8月15日日本裕仁天皇宣布投降诏书，苏联军队开始在中国东北从上到下接收和管理原"满洲国"治下之大、中、小城市，先是省会，然后市县。1945年8月26日，苏联红军40余人在彼得洛夫大校率领下从克山乘火车到泰安镇，奉命对依安的日军缴械、受降。

依安县"维持治安委员会"组织商民和学生到泰安火车站迎接。伪副县长石田（日本人）向苏军彼得洛夫大校递交投降书，先是接收了已经被控制的西大营，日军驻泰安街守备队26人被缴械，然后将原伪县公署的日本官职人员全部递解押送至西大营统一看管。8月27日，苏军将泰安之日军留守人员及伪县公署官职人员经由克山县押送省城北安市。

1945年9月29日，从省会北安派来苏军3人。时任苏联红军派驻黑龙江省卫戍司令部之副司令员王钧（中共党员，身着苏联红军军官服装，佩饰军衔），前往查验了"依安治安维持委员会"，并在施永珍的陪同下，在泰安有声电影院召开有各界代表参加的大会。王钧副司令在会上作了热情洋溢的讲话，讲解分析了形势，阐明了苏联红军帮助收复东北的意义、性质及作用，号召广大民众及工商各界积极行动起来，团结一心，各司其业，建设家园。会后，时任"依安治安维持委员会"委员长的原伪县公署县长施永珍为王钧副司令等一行人员举行了招待会。王钧此行还与时任"治安维持委员会"的公安大队大队长高丕功等人接了头、谈了话。傍晚，由王钧副司令员率领的苏联红军一行人返回北安。与此同时，苏联红军20余人进驻依安村（今依安县依龙镇）。

10月12日，苏联红军军官只身一人（系首次来依安之苏军军官之一），奉苏联红军驻黑龙江省的上级命令来泰安街，在原街公所设立了"苏联红军司令部"并悬挂其牌匾，由"治安维持委员会"派去俄语翻译及办事职员各一名，协助苏军在泰安期间办事、接洽事宜。期间，由此苏联红军司令部运作，由派来苏军递解原驻依安之日本人家属及县域之内日本开拓团成员约200余人乘火车运往北安集中。

11月5日，由富海方面派来苏联红军司令官2人，自带翻译1人，驻扎在苏军司令部任职。

11月中旬，驻泰安街苏联红军司令部接到上级命令撤防，回北安集结。"治安维持委员会"派两辆汽车，礼送至省会北安。至此，苏联红军在依安活动逗留即宣布告一段落。

1945年12月下旬，在人民军队攻打泰安战役中，于久攻不下之际，吁请苏联红军一个营，带十余门平射炮，助我之人民军队解放泰安城。

第二节 国民党在依安县统治的昙花一现

1945年9月9日，国民党齐齐哈尔市党部宣布在依安县泰安街（今依安县依安镇）成立依安县党务复兴会。其首任书记长为刘珍。刘珍自称是"老国民党员"。早年曾当过伪齐齐哈尔协和会青年团指导员。在日伪统治时期刘珍曾被"满洲国"监狱监禁4年，出狱后，辗转来泰安街"粮栈组合"当一般雇员。"八一五"光复后，邀功心切，极为兴奋，于8月30日邀其同事张之龙、滕仁贵赴齐齐哈尔面见省党务复兴会书记长肖大山宣示忠诚。肖大山委任刘珍为国民党依安县党部书记长并为其颁发委任状及相关文件。刘珍回泰安街后，与其岳父张泽彤联络滕仁贵及张富华等人密谋成立组织公开活动。首先联络时任"依安治安维持委员会"委员长施永珍，鼓动、利诱其召集"维持会"全体会议，刘珍在会议上喊话，宣明"党务复兴会"的主要任务是联络人员，建立组织，调查日伪财产和日伪人员及宗教活动。并掌握依安县的政治、经济、司法权力，作好舆论宣传造势，为国民政府接收做好铺垫和准备。此举和施永珍之流一拍即合。施永珍当即表示愿为党务复兴会拨付大洋5万元，作为此后开展活动的启动经费。刘珍一行在"治安维持委员会"的鼎力支持下，在泰安街大肆拉拢人员、网罗党羽，发展组织。

9月9日，在施永珍等人及其组织的全力配合下，党务复兴会于泰安有声电影院召开大会，刘珍宣布成立国民党黑龙江省依安县党部，刘珍任书记长。9月10日，刘珍之流于依安县伪满协和会旧址挂出"中国国民党黑龙江省依安县党部"字样的招牌。整个组织共有成员39人，其中骨干成员5人。党部下设总务、指导、宣传三个部，每个部内设几个股室不等。几天后，又将"中国国民党黑龙江省依安县党部"改为"中国国民党黑龙江省党务复兴会依安党部"。原三个部内设的股改为系，股长改称主任。

几天后，苏联红军进入依安县。为稳定社会、靖化治安，苏军司令部提出反对并禁止一切党派活动。虽然国民党党部书记长刘珍及"治安维持委员会"委员长施永珍屡次求助苏联红军司令部予以支持、兼容，但均遭到严词拒绝。

至此，国民党"党务复兴会"的一切活动，皆因缺乏经费、苏军限制，加之继后兴起之"国民党党务专员办事处"的排挤，于当年的9月18日停止了活动。从信誓旦旦、踌躇满志的宣布成立到偃旗息鼓、草草收场，这场闹剧仅仅上演了9天，而其首领——"书记长"刘珍也卷起铺盖，先是被国民党"挺进军"收押，到人民军队解放泰安战役之后竟不知所终。

刘珍走后，数名骨干余孽意犹未尽，曾一度试图东山再起、死灰复燃。1945年10月10日，借口纪念"双十节"（孙中山先生领导的武昌起义纪念日，后为"中华民国"国庆节）而拼凑了所谓"复兴剧团"，但因在"双十节"期间演出反动剧目被驻依安苏联红军没收了乐器，并勒令停止活动。不久又别出心裁、故伎重演，纠合起原班人马易名为"南风剧团"，每日悲凄凄敲打鼓吹、乱哄哄招摇过市，直到11月下旬，新兴的"国民党党务专员办事处"寻个把柄、究其不法，最后以"私通八路"为由头，逮捕了部分骨干，剧团宣告解散，从此，"党务复兴会"之闹剧遂销声匿迹。

几乎与此同时，在9月25日，"国民党依安县党务专员办事处"也在依安县挂牌正式成立。"八一五"光复后不久，海伦县国民党党务专员办事处书记长李友兰，于1945年9月17日派出属下王路青、乌跃廷二人来泰安联络宣明哲〔伪满洲国时期曾任依安村（今依龙镇）警察署长］组织依安县党务专员办事处。为此事宣明哲专程赴齐齐哈尔市晋见国民党党部党务专员办事处书记长赵跃山。赵跃山委任宣明哲为依安县党务专员办事处书记长。在颁发委任状之际，赵跃山指示宣明哲要"积极建立组织，迅速发展党员，掌握县城一切情况，配合国民党中央接收"等。同时，赵跃山选派孙藻庆来依安协助宣明哲组织筹建依安县党务专员办事处。二人以泰安街"和发源"药铺为活动基地，以旧官吏、教员及宗教团体中的负责人为主要发展对象。于9月25日，在"和发源"药铺秘密成立了"依安县党务专员办事处"。首任书记长为宣明哲，孙藻庆为执行委员，内设组织、宣传、社会、总务四个科及秘书室，各科下分设若干系。自11月中旬苏联红军撤出泰安后，党务专员办事处由秘密活动转为公开亮相，开始谋划运转办公。地点在县公立医院，后搬迁到原"依安治安维持委员会"（原伪满县公署）。"依安县党务专员办事处"成立初始，经常麇集开会，通宵达旦，大力鼓吹"党化"教育，进行所谓"颂蒋"宣传，以期通过此类"教化"与"培训"，从而"提高"其成员整体素质，并积极做好搜集情报、发展成员等准备和铺垫工作，为国民党中央全面接收政权创造稳定环境和有利氛围。"依安县党务专员办事处"在挂牌之时，其触角也延伸到了基层。共在全县12个村，成立了基层党部或分部，共网罗发展党员178人，其中县党部直属党员106人，其余散布各村。至1945年12月下旬，依安县周边各县相继被东北人民自卫军解放，"依安县党务专员办事处"也惶惶不可终日。不久，"国民党党务专员办事处"书记长赵跃山也从省城齐齐哈尔仓皇来到泰安，周边之克山、拜泉、明水、讷河等县的"党专人员"一如丧家之犬，纷纷来依安"避风"（时依安在尚其悦之"挺进军"控制之下）。赵跃山来泰安街后，贼心不死，与东北人民自卫军手下败将本已是漏网之鱼的尚匪其悦沆瀣一气，妄想螳臂挡车、以图一逞，并异想天开的与尚达成在"挺进军"架构上实行"党务化"，并将其手下死硬分子编入其军队系列。自此，"依安县党务专员办事处"就停止了在依安境内的社会活动，成为国民党"挺进第一军"负隅顽抗、与人民为敌的斗士和帮凶。

第三节　鳌龙沟子军火列车保卫战

1945年12月15日，原依安村（依龙镇）伪满警察署长、时任国民党依安县党务专员办事处书记长宣明哲，伙同国民党"挺进军"旅长孙藻庆，纠集匪首刘汉等残渣余孽，利用隐蔽在齐铁、泰安、泰东铁路车站的国民党分子，于鳌龙沟子（今泰东乡托力村）铁路桥两侧截击人民军队军火列车，后在东北民主联军和西满护路军的内外夹击下，溃败逃窜。史称"泰东事件或鳌龙沟子事件"。

"八一五"日本无条件投降后，中国共产党领导下的东北人民自卫军奉命转入收复失地工作，先后组建东满、西满护路军。1945年9月，西满护路军接管嫩江省民主政府省会齐齐哈尔。与此同时，国民党中央军占据沈阳、四平、长春等大城市，并派遣"接收大员"、特务等潜入东北各解放区，阴谋抢占地盘、建立政权，并网罗和组织各地伪满政权的残渣余孽、军警宪特组成所谓"光复军"，到处破坏铁路运输，一度造成齐（齐哈尔）—北（安）铁路全线停运。为恢复铁路交通，整顿社会治安秩序，建立东北根据地，东北人民自卫军决定从黑龙江省军区（时北安为黑龙江省省会）拨给嫩江军区和西满护路军一批枪支弹药。

1945年12月13日，西满护路军司令员兼齐齐哈尔铁路局局长郭维城、副司令员尹诗炎率领护路军3个连乘装甲车由齐齐哈尔出发，去黑龙江省省会北安市领取枪支弹药后于15日返回。同车还有嫩江军区姚玉亭科长、齐铁局滕仁友科长和俄文翻译姜桐。

原伪满依安县警察署长、时国民党依安党务专员办事处书记长宣明哲，利用隐蔽在齐齐哈尔、泰安、泰东车站的国民党分子，窃得护路军从北安开往齐齐哈尔军火列车的绝密情报，伙同"挺进军"旅长孙藻庆、土匪首领刘汉等一伙土匪，拼凑骑兵二三百人，事先设伏，在泰安与古城站之间的鳌龙沟子西沙场铁路两侧，扒掉铁轨，妄图颠覆列车、劫持军火，以此作为"见面礼"，归顺和支援集结在泰安街（依安县依安镇）城内的国民党"挺进军"。

1945年12月15日晚8时30分，护路军在经由齐—北铁路古城与泰东车站区间之鳌龙沟子高路基弯道地段时，军火列车被颠覆并遭到伏击。国民党"挺进军"及土匪蜂拥而上，向军火列车猛烈射击。军火列车共9节，除了蒸汽车头外，前2至4节为涂黄绿色斑纹的装甲车。郭维城司令员和副司令员尹诗炎，当机立断，分头组织所带3个护路军新兵连，依托装甲车车厢，予以猛烈反击，战斗从午夜打响，一直持续到第二天下午2时，多次打退进犯之敌。匪徒久攻不下之际，趁着月色，佯作谈判。嫩江军区姚玉亭科长自告奋勇向郭司令员请求："郭司令，我去和刘汉谈谈，就是谈不成，也好摸摸匪情。"开始郭、尹二司令未予同意，后经反复斟酌商议，为缓兵之计，以待驰援，于是派姚科长与匪谈判，以争取时间。但姚玉亭科长一去未归，后泰安解放后审讯土匪得知，因谈判中观点和条件不合，姚科长大义斥敌，惨遭匪军之毒手。

16日下午2时，郭维城司令员见姚玉亭科长一夜不归，决定召开紧急干部会议，经认真讨论，研判形势，做出两项决定，一是决定一、二连坚守阵地，力保枪支弹药不受损失，做到"人在枪弹在"；二是决定嫩江军区饶民孚团长与姜桐翻译率领三连突围。

拂晓3时许，饶团长率三连向克山县突围，冲出四五里路时，遇到匪骑兵袭阻，双方混战中，因突围队伍中藏有匪谍分子三连教官顾天恩（伪满少尉排长）哗变，从背后开枪打死团长饶民孚及翻译姜桐，不愿参与哗变的6名战士也被顾天恩枪杀，顾天恩于是武力胁迫三连哗变（后顾天恩被民主联军擒获处决）。

黑龙江省军区驻克山县守军接到檄报，立刻派出三旅旅长廖中符率领十团祝平安部驰援。土匪见援兵已到，经不住增援部队与护路军的左右夹击、内外进攻，猖狂逃窜，逃入泰安城内闭门不出。

此役护路军与廖中符旅长的援军共歼敌50余人，击伤30余人。我军伤亡70余人，其中牺牲36人，负伤30余人，以巨大的代价赢得了胜利，保住了军火，光荣地完成了任务。

第四节 宝泉阻击战

1945年12月15日上午，为消灭盘踞在泰安街（依安县依安镇）的国民党"挺进军"顽匪，解放泰安城，东北人民自卫军（后改称东北民主联军、东北人民解放军、中国人民解放军第四野战军）黑龙江省军区副司令员王钧率部向泰安街进军途中，命令其所部三旅九团一营进驻宝泉镇（阳春乡），迅速构筑工事，全力阻击由拜泉县城逃往泰安街之敌，防止敌人从后面偷袭东北人民自卫军的攻城部队，陷攻城部队于腹背受敌，同时，也断开两敌汇合后互为犄角的通路。傍晚时分，阻击部队与来敌在宝泉镇门外相遇，战斗打响。人民自卫军先于设伏，依托工事，以逸待劳，发起攻击，来敌猝不及防，被打得晕头转向，狼奔豕突，死伤枕藉。慌乱之下，敌匪军退到老牟家屯（今阳春乡东风村八屯），妄图借围墙院垒，负隅顽抗，作困兽之斗。午夜时分，一营张营长率8名自卫军战士摸入村内侦察，被敌觉察，双方交火，战斗一夜，最激烈时几近短兵相交，匪军被自卫军之火力压制，不知虚实，恐遭内外夹击，于是放弃抵抗，向泰安街溃逃。自卫军乘胜追击，在战斗中，匪军被歼灭大半，而自卫军一营张营长等9名同志也在战斗中壮烈牺牲。

第五节　解放泰安城

　　1945年12月25日，黑龙江省政府警政厅查获国民党特务组织准备武装进攻的情报：要国民党员到拜泉、克山、泰安参军，准备以泰安为基地，东下拜泉，南下海伦、绥化，孤立北安。在泰安设立国民党省政府。

　　与此同时，中共黑龙江省工作委员会（省政府驻北安市）接到中共中央毛泽东主席的电报指示，"脱下皮鞋，换上布鞋，让开铁路枢纽，占领两厢；北满若不把尚其悦、谢文东两大股土匪立即消灭掉，就有站不住脚的可能"。中共黑龙江省工委为了进一步贯彻党中央、毛主席的重要指示，经过深入讨论，坚定了"先南后北"的斗争方针和胜利的信心。迅速作出了决定：成立黑龙江省剿匪总指挥部，由省军区副司令员王钧任总指挥，集全省武装之力，务必消灭盘踞在泰安的以尚其悦为首的大股国民党军"挺进军"。并制定了"巩固克山，保卫拜泉，打下泰安。然后回解德都之围，以求打开黑龙江省局面"的军事决策。

　　整个泰安战役由黑龙江省军区副司令员王钧为总指挥，省军区二旅旅长张光迪为副总指挥，三旅旅长廖中符为副总指挥兼参谋长，三旅副政委亚民为政治部主任。攻城部队由黑龙江省军区二、三旅抽调5个团并克山、克东、拜泉、依安4个县保安大队组成，共计4 000余人。

　　12月下旬，黑龙江省西部地区各县相继解放，回到人民手中。讷河、嫩江、克山、明水、拜泉等县的"挺进军"残部溃散后汇聚泰安，与尚匪合污后被扩编麾下，号称"挺进军"4个旅。一旅旅长刘来洲，二旅旅长王忠义，三旅旅长鄂木天，七旅旅长孙藻庆。为扩充势力，尚其悦除插旗招兵，网罗伪警察、旧官吏之外，还纠结刘汉、王洪及报字"扫北""四海"等土匪武装。

　　12月中旬，尚其悦嗅到东北人民自卫军即将征剿泰安的消息后，为打乱共产党解放泰安之部署，调派"挺进军"二旅旅长王忠义带领部队，偷袭拜泉县城。在黑龙江省军区司令员叶长庚亲自指挥下，急调驻克山二旅、海伦三旅、绥棱骑兵团及克东、明水等县大队火速驰援，内外夹攻，匪军伤亡惨重，狼狈窜回泰安街，坚壁不出。

　　12月25日，解放大军集结泰安，完成合围。攻城总指挥部设在泰安街城北1公里处的"元号屯"（今上游乡红五月村）。县工委委员、县长许英年在解放泰安总指挥部工作，负责攻城部队的吃、喝、用等物资供应，其余县工委委员随攻城部队参加战斗。经过反复侦察前沿踏勘，总指挥部了解到守城敌人的主要火力都集中在东、南两个方向。东面有距泰安城1公里左右的亚麻厂（解放后为淀粉厂），内有100个敌人扼守，是敌人的前哨阵地。城南面有一所东亚火磨（为民族资本家王魏卿于1919年创建。因其生产动力系用燃烧锅炉的蒸汽提供，故称之为"火磨"。火磨主体为一座4层楼房，是全城的制高点），可以居高临下，一览全城。敌人在这里安排80多人据守，视野开阔，火力充足。并与城内的守敌互相呼应、势成犄角。

解放泰安总指挥部经过反复的研究、斟酌与权衡，决定将主攻方向定在东、南面，集中优势火力拿下敌人的两个制高点——亚麻厂和火磨，斩断敌人伸出来的触角，然后，组织大部队趁热打铁，一鼓作气，拿下泰安街。

12月27日拂晓，3发红色信号弹划破黎明前的黑暗，解放大军从四面向泰安城发起了攻击。三旅九团为主攻，由团长邢奎、政委马兴武率队攻击泰安城东的亚麻厂和城南的东亚火磨。其他部队作为佯攻，三旅旅长廖中符带领十团围攻城西南和火车站，二旅旅长张光迪封锁并伺机攻击城西北，4个县保安大队负责切断城北之退路，防止敌人向北逃窜。

战斗打响后，主攻部队一马当先，迅速扫清外围，然后由九团兵分两路，用九二重机枪、八二迫击炮等压制敌人，夺取了亚麻厂，毙敌大部，其余残敌，逃回泰安城内，九团迅即摧毁东门炮台。28日，主攻部队按预期攻占了城南铁路路基一带，城内敌人的几次反扑都被强大的火力压了回去。同时，城西、城北的佯攻部队占据的地势较高，城内敌人活动一目了然。城内敌人发现已经陷入重围，势如铁筒，所有的退路均被封死，狗急跳墙，每隔一段时间，就组织一次大规模的拼死突围，但都成了"活靶子"，在围城部队的攻击下，死伤惨重，像赶鸭子一样被撵了回去。28日晚，主攻九团向全城的制高点火磨发起攻击。攻城部队试图用老百姓的大轱辘车装满柴草作掩护快速接近城门及火磨，然后以草车为梯子向上攀爬，但都被敌人发觉并加强火力拦截，牺牲了许多战士。敌我相持不下，攻防胶着。29日，继续强攻火磨。九团三营营长袁大文、教导员严世聪连续组织几次进攻未果，后在全营范围精选骨干、集中火力组织了一个46人的加强排作为突击队，袁大文营长身先士卒，亲自率队，带领3挺机枪，在全团强大火力的集中支援、掩护下，直冲火磨。但狡猾的敌人居高临下，依仗美式自动武器，编织起一个密集的火力网进行火力覆盖，致使加强排进攻无法推进。这时，队伍中两名机枪手不顾弹雨横飞，突然站直身体，对准火磨猛烈射击，压住了敌人的火力，突击队员们趁机占领了附近的一所草房作为掩体。敌人拼死挣扎，疯狂反扑，将大量汽油撒在突击队员藏身的草房上，然后燃起熊熊大火。突击队员冒着烈火浓烟顽强地坚持战斗。最终因火势太大，无法存身，只有8名突击队员带着3挺机枪撤回阵地，其余38名战士壮烈牺牲。解放泰安总指挥王钧司令员组织整个指挥部适时调整攻击方略，重新部署兵力、配置火力，同时，派通晓俄语的副总指挥、二旅旅长张光迪出面去和苏联红军联系，请求苏联红军给予支援。苏军同意后，火速从讷河县调来一个炮兵连，由两名中校军官率领100名红军战士携带12门平射大炮在指定时间进入预定阵地。

30日黎明，苏联红军用大炮轰击火磨，炮弹像长了眼睛似的、冰雹般飞向匪军盘踞的火磨，转瞬之间火磨就被击中并燃起熊熊大火，覆巢之下，敌人无处安身，仓皇逃往泰安城内。

30日晚，枪声寥落，泰安城外围残敌及工事基本肃清。

12月31日，解放泰安战役总攻开始。首先由苏联红军用平射炮轰开泰安城南门，然后转战环城一周，将东、北、西三个城门悉数轰开几个大洞。攻城部队5个团的兵力冲入城内，采用"楔形"战术，突破一点，辐射纵深，四处开花。九团一马当先，与守敌展开了巷战，进行逐街、逐院的争夺。在解放大军的猛烈攻击下，城内敌人溃不成军，一片混乱，尸横遍野，血水盈街。解放泰安战役大获全胜。

泰安战役共击毙敌"挺进军"第一旅旅长刘亚洲等匪首以下600余人，生俘1 000余人。匪七旅二团团长白大胡子（白星魁）化装逃跑不成被识出生擒，匪"挺进"军军长尚其悦惶惶如丧家之犬，化装成普通士兵在百余名虾兵蟹将的挟裹下趁乱遁去。

经过审讯后验明正身，解放大军将白大胡子（白星魁）等7个罪大恶极的匪徒就地正法并枭首示众。泰安街广大民众奔走相告，拍手称快。

此役，为泰安人民彻底解放，东北人民自卫军彭士健营长等29名指战员献出了宝贵的生命，涌现出英雄模范单位有三旅九团七连，在连长蔡青山、副连长周文喜率领下，攻城立下功劳，被黑龙江省军区命名为"铁七连"；有三旅九团四连，在连长于长青带领下，杀敌无数、战功卓著，被命名为"英雄四连"。

12月31日，泰安城内，红旗漫卷，欢声雷动。值此辞旧迎新之际，泰安回到了人民的手中，从此开启了人民当家作主的新纪元。全省瞩目的"泰安战役"，人民军队获得全胜，不仅使饱受苦难的依安人民获得了彻底解放，而且更重要的是给以尚其悦为首的顽匪以致命的打击，尚其悦被解放军全线击溃，其余股匪则"树倒猢狲散"。同时，"泰安战役"的胜利，为稳定黑龙江省的局势打下了基础，为全面剿匪斗争开创了新局面，对建立西满、北满革命根据地起了决定性作用。

1946年1月1日，这是一个划时代的日子，是依安人民永远不能忘怀的时刻。整个泰安城披上了节日的盛装，成群结队的民众，手持彩旗、标语，家家户户张灯结彩、喜气洋洋，夹道欢迎自己的军队入城，热烈欢迎人民当家作主后第一任自己的县长许英年到职，从这一天起，依安的历史揭开了新的一页，开始续写新的篇章。泰安的解放，粉碎了国民党反动派妄图独占东北的企图，使黑龙江省北满、西满的广大解放区连成了一片，将国民党顽敌集中压制在少数几个大、中城市之中，为巩固东北根据地，支援南满，乃至于拿下大城市、解放全东北、向全国进军，提供了坚固的、有力的物质保障。

第五章　民主建政

第一节　建立依安县工委（县委），有序开展工作

日本投降后，华夏大地一片欢腾，庆祝回归祖国怀抱，庆幸和感慨几千万同胞的热血没有白流。然而东北的状况却不容乐观，苏联红军撤离后，日伪残渣，嚣张匪患，加上国民党蒋介石当局的背信弃义，妄图挑起内战，使刚刚重见天日的东北同胞眼前又蒙上了一层阴影。

1945年9月29日，中共中央军事委员会给东北局发出《关于争夺东北的战略方针与具体部署的指示》。

同年11月，中国共产党黑龙江省工作委员会（以下简称"省工委"）从延安中央党校派来的干部中，选派了6名干部任常委，组成了中国共产党依安县工作委员会（简称"县工委"）。从此，解放了的依安人民，在中国共产党的领导下，灭顽敌，斗恶霸，肃残匪，分"果实"，扩大组织，巩固政权，参军参战，发展生产，支援全国，支援前线，创造出一个又一个奇迹，克服了一个又一个困难，谱写出一曲曲可歌可泣的不朽篇章。

（一）中共依安（泰安）工委（县委）的建立

1945年11月初，中国共产党依安县第一任县委书记为曾昭敏，第一任县长为许英年，县委常委刘孜如、孙冰水、郭文仲。

下设组织部、民运部。因依安县城泰安镇为国民党"挺进军"盘踞，尚未解放，县工委由省会北安市暂时移驻克山县，在此期间，省工委又派来张冰同志任县委常委，与同来的张明光、陈权二同志主抓招收新兵工作。依安县委随解放泰安的大军一起行动，向泰安进发。

12月下旬，刚刚组建的县工委和县大队一起，参加人民自卫军攻打解放泰安的战斗。解放泰安总指挥部设在泰安镇北两公里的元号屯（依安县依安镇红五月村，现为合心村五屯）。县长许英年参加总指挥部领导工作，主要负责发动群众、筹集粮草和后勤供给工作（主要办理"吃粮手续"，给老百姓留条子，解放后自由兑现）。12月31日，泰安城攻克，泰安战役胜利结束。

1946年1月1日，县工委随解放泰安之大部队进城，领导全县人民开展"清匪反霸"、发展生产和巩固新生政权的斗争。

8月15日，按照省工委的通知精神，中国共产党依安县工作委员会改名为中国共产党依安县委员会。开始在全县广大乡村进行了轰轰烈烈的土地改革运动及建立和发展基层党组织、建立基层政权、建立人民武装之"三建"工作。

1947年10月18日，经东北行政委员会照准，依安县更名为泰安县。1947年11月15日，中国共产党依安县委员会改为中国共产党泰安县委员会（以下简称"中共泰安县委"）。

1948年8月，中共泰安县委的下属机构在原有的组织部、民运部的基础上，又增设了宣传部、妇委和法院。当时，县委号召全党和全县人民的中心任务是"发展生产，支援前线，解放全中国"。同年9月，据县委"八月会议"精神，为加强城区领导和工作计，组建成立了中国共产党城区工作委员会，委员会设书记1名，委员6名。7名委员大都由县委领导兼任。

（二）基层党组织的建立及发展

中共黑龙江省工委建立后，明确指出党的中心工作是搞武装斗争。党的组织也必须围绕这一中心工作搞好组织建立与党员发展。

1945年11月初，由中共黑龙江省工委亲自组建的中共依安县工委成立后，随我解放泰安大军攻入泰安并正式开展工作。

11月15日，中共黑龙江省工委指出"决定党的工作，是选择经过斗争考验，由县工委、区委老干部直接掌握、控制发展党的方针"。采取秘密建党的方法，依靠党组织负责人根据自己在斗争中对发展对象的考察，个别秘密地吸收。

1945年12月，中共依安县工委（1945年11月—1946年8月）在省城北安组建的县保安大队中确定发展对象，做发展党员的先期准备工作。同月，县工委进入克山县（时依安尚未解放），先将依安县县长许英年同志的警卫员满凤翥同志吸收入党。

按照省工委的这一指示精神（在特定情况下，县委常委一级的领导干部可以代表党组织直接接收新党员），在全县城乡秘密进行建立基层党组织和发展党员工作。

1946年初，依安县人民民主政府建立伊始，带着战火硝烟刚刚从解放泰安的战场上走进城市的县工委班子仅有6名常委。这些同志都是革命战争年代经过无数次血与火洗礼的我们党的宝贵财富，有些甚至是老红军出身。他们听从党的召唤，服从组织安排，一手拿枪，一手执笔，从解放劳苦大众的战场转移到了巩固新政权、建设新国家的一个全新的斗争领域。当时除了6名常委以外，就连县工委机关也是有名无实。工委下属的组织部、民运部只是一个"牌子"，部长由县工委的常委兼任，有将无兵。后来发展补充了几位"工农联合"的干部，随工委机关到乡村协助开展工作。

1946年1月，泰安解放以后，在继续扩大武装、清剿奸匪、接收伪政权、建立新政权同时，本着"控制发展"的方针，1月8日，依安县工委书记曾昭敏、县委常委刘孜如等工委委员在县政府、县大队（保安大队）、县公安局等单位秘密发展党员。首先，介绍依安县大队第一连连长张克歧同志秘密入党。不久，又相继秘密发展县大队张殿林、华德生，县人民政府张庆年、曹亚权，县公安局刘明发、李文贞等人入党（这些人系依安县最早发展加入中国共产党的一批老党员）。与此同时，县直机关成立第一个中共党支部，县委常委、县长许英年同志任党支部书记。

1946年3月，随着农村建政工作深入开展，特别是中共中央发出《关于清算减租及土地问题的指示》《五四指示》以后，县工委建立起农村"土改"工作队，深入区、乡开展大清算分地运动。由于当时东北总的形势还处在防御后退的困难阶段，地主阶级顽固抵抗，贫雇农的组织性和觉悟性还处在初始时期，此时省工委确定组织工作采取"慎重发展"的方针，县工委派出工作组，在工作队及"土改"运动开展较早的双阳区、通宽区（今上游乡）、依安区（今依龙镇）、三兴区的基层干部和农民群众中慎重地秘密发展党员。

通过艰苦细致的工作，至1946年9月末，全县范围内发展新党员97名，范围主要是军队和县直机关。其中：地方64名，军队33名，加上关内下派干部中的老党员19名，共计116名党员，在军队和县政府机关中设立7个党支部。

10月以后，土地改革运动开始进入煮"夹生饭"阶段。这时东北地区的形势已发生了重大改变，原来敌强我弱的局面一去不返，总的形势趋于稳定，对我方有利。广大农村中贫、雇、中农的成分和比例已占优势，但是当时党员队伍却呈现出比例失调不合理的情况，如军队中的党员多于地方，政府机关中的党员多于农村，特别是基层农村中的农民党员凤毛麟角、少之又少，和轰轰烈烈的"土改"运动形成强烈反差，极不平衡，不利于农村的工作开展和土地改革运动的深入。

11月25日，中共黑龙江省工委发出了《关于积极发展党员与建党的补充指示》。强调"为建设巩固的根据地，支援解放战争，要求在进一步深入土地斗争、深入思想教育的基础上积极地发展党员，建立一个坚强的、有战斗力的广大群众性的党"。依安县委（1946年8月15日，省委指示更名，县工委改称县委，以下同）据此对秘密建党工作作出调整，强调在"斗争中考察和培养积极分子，将合乎条件的人员，吸收入党"。这一个时期，依安县的中共党员数量增长较快，截至1948年公开建党前统计，全县共有中共党员1 151人，基层党支部83个。约占当时全县总人口的6.5‰。

为了保证新党员质量，中共依安县委加强了对新党员的教育审查工作，按省工委规定和要求对新加入的党员进行相应的时事教育、阶级斗争教育、基本政策教育、组织观念教育、除奸与保密教育及气节教育6个内容的党员教育活动。采取干部宣讲、短期轮训、结合各地斗争实例现身说法等方式向新党员进行全面教育，在此基础上于1947年普遍进行了一次"新党员登记"，对个别表现不好、来历不清的新党员给予清除出党，纯洁了党的队伍，严密了党的组织，使党员的先锋模范作用得到强化与突出。

为配合秘密发展党员工作，县委又在全县党员队伍中联系思想实际进行"三查"（查阶级、查思想、查作风）、"三整"（整顿组织、整顿思想、整顿作风）。通过整党运动，"揭短、亮丑、找不足"，全县党员普遍受到了教育，进一步提高了全县党员队伍的思想觉悟和政策水平，密切了党群关系，树立了党的威信，各级组织不断巩固、发展和壮大。

整个区工委的工作，也经历了一个从试点到推进、完善的过程。1946年末，中共依安县委在全县群众工作开展得较早、群众基础相对较好的依安（今依龙镇）、双阳、中心、三兴、通宽等五个区建立中共依安县委下属的最早的区工委，对外称区农会，区工委书记对外称指导员。1948年4月，中共泰安县委（1947年经东北局批准依安县改称泰安县，黑龙江省委指示中共依安县委改称中共泰安县委）在整顿各区农会的基础上，改区工委为区党委，指导员改称书记。正式在全县12个区建立区工委，与各区农会兼之统叫"区农会"。

1948年3月之前，全县公营工厂与企业有党员的地方计12个单位，共建有3个基层党支部，计：亚麻厂、水田农场、贸易公司，共发展党员62名，其中：一线工人党员27名，由工人提升厂负责人6名，职员与企业负责人17名，荣转军人12名。一个党总支：县土产部党总支委员会。

公开建党 1948年2月6日，中共黑龙江省委向全省发出《对于目前建党工作的指示》的指示。8月，全省党建工作开始转入公开建党时期。这次公开建党，是中国共产党历史上一个重要历史意义的转变，是中国共产党自1921年成立以来首次提出公开建党的口号与纲领，具有里程碑的意义，其目的在于进一步依靠群众，直接发挥群众力量来帮助发展党员、监督党员，以便适时地建立一个强大的具有广泛阶级基础的群众性的党。公开建党的对象主要是工人、与常年劳动的贫雇农中的先进分子及革命的知识分子，即吸收成分好、历史清白、工作积极、为人正派，在群众中享有较高威望和良好口碑，为群众所拥护且有相当政治觉悟的先进分子。

中共泰安县委按照中共中央关于"发展一批，即编入组织，训练以后，再发展一批，波浪式前进"和"积极公开的建党方针"的指示精神，在全县范围内，开始有步骤、有计划地开展公开建党工作。对部分已有中共党组织的地区，采取秘密建党与公开建党相结合。在具体做法上，"广泛开展宣传教育，充分发动群众，在充分酝酿的广泛群众基础上，公开建党"。中共泰安县委本着"认真研究，统筹安排，先行试点，全面铺开"的原则，于1948年8月13日，决定派出由中共泰安县委第一副书记孙冰水、第二副书记王维之挂帅组成的由11名区委委员参加的公开建党工作组，深入中心区翻身村进行公开建党试点工作。建党工作组进村后采取与整顿农会相结合的方式入手，发动群众，深入宣传。向广大基层群众讲清"为什么要建党""什么样的人可以入党"等问题，通过细致耐心的思想工作，进一步加深广大农民群众对中国共产党的认识与了解，力争将对中国共产党有好感，真正苦大仇深、翻了身的农民群众吸收到党的组织中来，成为革命胜利果实的保卫者，民主政权的拥护者、参与者，党的组织与路线的宣传者、执行者。通过深入宣传、充分酝酿，群众对共产党有了更深刻的认识，自愿报名要求入党的基本群众共有58名。然后，以自然屯为单位组织群众对这58人进行公议、审查，最后经群众审议合格的有38名，泰安县委建党工作组在充分信任和吸纳群众意见的基础上，又通过全面了解决定批准第一批22名同志加入中国共产党，并举行了庄严的入党仪式。

整个建党试点工作历时10天，到8月22日结束。

8月20日，中共泰安县委又抽调117名有丰富群众工作经验的同志组成建党工作队，深入到全县其他各区开展建党工作。

9月3日，中共泰安县委在中心区翻身村的建党工作试点经验材料《翻身村建党试点总结》在中共黑龙江省委机关报《新黑龙江报》显要位置上刊出，省委办公室以此撰写了《切实总结公开建党试点经验》的评论员文章同时发表，对中共泰安县委在全省公开建党工作中的试点经验予以充分肯定和表扬，也为中共黑龙江省委在全省其他市、县的建党工作提供了指导性经验。

为了进一步总结公开建党经验，全面铺开，中共泰安县委在先行试点基础上总结并归纳出的基本步骤是摸清情况，个别酝酿，自愿报名，群众公议，党委批准，举行仪式，建立制度。

在整个公开建党过程中，具体运作上主要抓好以下两项工作。

（1）整顿组织的程序和步骤：

①对"土改"前的党员（党小组、党支部）加以审查，重新登记。

②对贫雇农骨干，历史清白、作风正派、能起模范作用的，予以恢复党组织关系；过去不慎在"满洲国"做过点事，成分属于中农、自由职业者和职员中的思想进步、积极改造者，经现任党支部讨论通过，也可以恢复其组织关系。

③对经核实问题严重者，须从严掌握。应采取暂时停止组织生活、留党察看、延长候补期等不同情况和情节，区别对待，个别处理。

④对党内投机、腐化、蜕化、落后分子必须加以清洗（但同清党有原则上的区别）。

⑤对落后不起作用的党员予以登记，进行研究和考察。

处理这些党员须严格把关，将名单由所在党小组长、党支部书记或负责人报告县委组织部后，由上级决定去留。

（2）发展党员工作的程序和步骤。

为使全县建党工作深入持续地开展下去，1948年11月，中共泰安县委召开区委联席会议，总结建党工作中的成绩，查找问题和不足，针对部分新党员中存在的"入党怕开会误工，怕入党后调走，怕入党吃亏"等思想上的模糊认识，县委强调指出"公开建党要重点开展巩固教育工作，认真执行第一重质、第二重量的原则"。有鉴于此，从11月下半月起，全县各区发展新党员的工作更加慎重了。半月时间全县新建基层党支部13个，发展新党员185名。

从1948年8月13日，泰安县委组织公开建党试点工作，到年末发展党员工作结束，历时三个多月的公开建党工作，为泰安全县党的建设清理了"肌肤"，完善了组织，纯洁了队伍，凝聚了力量。通过公开建党工作，全县新建基层党支部39个，发展新党员590人。仅一个通宽区就在建党期间发展新党员79名，占区113名党员总数的84%，全区15个村有11个村建立起党的基层支部。同时，中共泰安县委在发展的新党员管理上，也开始逐步走上程序化、规范化、科学化的路子。有别于战争年代的特殊时期和情况，这次新党员入党一律填写统一规格、统一内容、统一标准的入党志愿书或党员登记表（以前未填者或未向县委登记才可补填一份）；新党员的候补期，乡村一级的基层党员，贫雇农一般为三个月到半年；其他阶层如中农、自由职业者、学生，为9个月到1年零2个月。

为巩固成绩，提高党员思想水平和群众工作能力，自1948年9月5日至10月28日，中共泰安县委举办了4期农村党员培训班，每期培训班为期7天，参加培训的党员全日制脱产学习，全县共培训党员222人。所用教材由县委组织部、宣传部、民运部、妇委分别把关，县委统一编写。县委第二副书记王维之亲自组织领导，亲自授课。从12月10日开始，全县各区委分别举办党支部书记训练班，对下属各村党支部书记进行集中培训。同时，各区委也都举办了相关的每期10天的新党员训练班，每次训练50人。到1948年年末，中共泰安县委共在全县12个区委中的10个区委举办了12期新党员训练班，训练新党员553名。通过训练，使新党员的思想觉悟、政治素质和群众工作能力，都有了明显的提高。

按照中共中央和东北局的指示精神和部署，从1947年冬到1948年春，中共泰安县委结合轰轰烈烈的土地改革运动，开展了以"三查"（查阶级、查思想、查作风）"三整"（整顿组织、整顿思想、整顿作风）为内容的整党运动。

县委加强了对整党工作的组织和领导，在全县党员范围内，组织集中学习毛泽东主席《关于目前形势和我们的任务》报告、《关于调查研究的决定》等一系列文件，在方法上采取"三查""三整"。在此次整党过程中，县委注意引导并适时把握整个运动的基调和过程，保证既要将此次运动开展得深入、细致，不空喊口号，不搞花架子，不走过场，搞出实效；又要防止和及时纠正出现过激与偏差，如个别地方出现的"搬石头"过左的偏差和纠查问题怀疑一切、扩大化的苗头。通过积极的工作与审慎的把握尺度，整个过程有张有弛，既严肃紧张，又不失气氛和谐、热烈，广大党员做到了对党组织"说知心话、提真意见、说好建议"，知无不言。

通过这次整党，清除了一些思想不纯、作风不正的少数党员，把经受住考验、合乎党员标准和条件的积极分子吸收到党组织中来，从而壮大了党的组织，进一步提高了党的战斗力和凝聚力。同时，也揭露了一些党内不良现象和坏作风，积累了宝贵经验，总结了教训，提高了广大党员政治思想水平，增强了革命观念和群众观点，密切了党群关系，整顿了党的组织，增强了党的威信。

1949年5月17日，中共泰安县委发出了《关于加强农村党的领导的决定》（以下简称《决定》）。《决定》指出：不把党的工作提高到应有的高度，也就不能使党真正成为农村各种工作的领导核心，就失掉了党的领导作用。为此，县委决定：一、区委一定要做党务工作，克服"一揽子"啥事都干，啥事都干不过来的被动局面。区委领导要有明确分工，要把党的工作做好。二、党的一切政策、决议、指示都必须首先通过党支部，先在党内研究，然后通过行政去贯彻执行。三、各区委要注意总结做好党支部工作的经验，凡有党员活动的地方，县委工作组都要通过党的组织探索党的工作经验。四、建立起党支部和党小组会及党课教育制度，要按照县委宣传部编制的《目前党支部教育提纲》进行广泛深入的宣传教育工作。

健全了党的制度，严肃了党的纪律。1948年8月20日，中共东北局下发了《关于建立报告制度的决定》。该报告指出，为克服党内存在的"事先不请求，事后不报告，将自己所管的地方，看成一个独立王国"的恶劣作风，特规定中共东北局下属的分局每两个月要向中央做一次综合性报告，省、县一级中共党的委员会每月要逐级向上做一次书面报告。据此泰安县委根据东北局的指示精神和中共黑龙江省委的部署专门召开会议并下发通知，要求全县所属各区党委每月必须向县委做一次综合汇报，逾期不报的单位，必须当面申明理由，否则以违犯党纪论处。公开建党后，中共泰安县委又在全县所属的农村党组织普遍建立了四项制度。即定期会议制度、定期讨论本村工作制度、定期自我批评的生活会制度及定期报告制度。这一举措的制订与实行，使全县农村基层党的建设工作上了一个新的台阶，提升了一个新的高度，使党的建设工作能够健康、有序、规范地运行下去。

1948年4月，在全面整顿区农会的基础上，中共泰安县委面向全县，在12个区建立了12个区委会。原来的区工委指导员改称书记。

第二节 创建人民政权，改造伪政人员

1945年8月15日，抗日战争胜利。原依安县伪满政权组织主要官员摇身一变，成了"曲线救国"的"抗日义士"。

1946年1月1日，中共依安县工作委员会随解放大军进驻泰安城。1月3日，县工委召开旧政权官职人员和部分绅士会议，正式接收敌伪政权，宣布依安县民主政府成立，由中共黑龙江省工委派来的延安干部团成员、中共依安县工委（1945年11月—1946年11月）委员许英年出任第一任县长。新成立的依安县政府下设：秘书室、财粮科、民政科、教育科、建设科、公安局、税务局、物资局、邮电局。由于省工委派来依安县任职的干部数量很少，因此，虽然已经宣布废除了敌伪政权，但也留用了一部分原敌伪政权的旧职人员。新生的中共领导下的人民民主政权采取"挂牌子"的方式，除了一些要害部门、机要部门以外，其余业务机构仍由留下来的伪职员暂时担任。

1月6日，中共依安县工委及县政府举办留用人员学习班，主要学习党的方针政策，熟悉民主政府之相应职能、任务，转变态度、改进作风，为新生的人民政权工作，为广大民众服务。期间，县民主政府县长许英年任命伪满洲国末任县长、日本投降后"维持会"委员长施永珍为依安县副县长。

从2月初开始，中共依安县工委、依安县民主政府领导人，带领建政工作队深入全县城乡，发动、筹备和建立区、乡一级民主政权。在整个组建过程中，工作组注重选派既苦大仇深、阶级成分好，又具有一定办事能力的人担任区长、副区长和区政府干部。区政府按照上级对口要求及工作需要，分别民政、财粮、实

业、教育等助理岗位，配置助理员。然后开始在各区的乡一级建立民主政权，由县区政权组成工作组，帮助街、甲（相当于现在的乡）建立政权。先后建立泰安城区四街，依安、双阳、宝泉、三兴、通宽五个街和各区的乡政权组织，选派出身成分好、有办事能力的人为街长或乡长。

在建立县、区、乡政权的同时，泰安县委按照当前形势和工作任务的需要，进一步扩充了县级保安大队，调整了领导机构，充实了骨干力量，建立了下属的区中队和乡自卫队。各级群众、群团组织也在县工委的部署与指导下相应成立，县级成立了建国联合会，区级设区建联会，各乡照此办理，纷纷成立农会组织。

3月末，全县各级政权组织建设基本结束，并由县工委、县民主政府与新建后的区、乡各级政权统一进行验收、接收。

4月10日—15日，依安县民主政府召开首届全县各界人民代表大会，出席代表92人，会期6天，县民主政府首任县长许英年代表依安县民主政府作了题为《关于民主政权建立和工作任务的报告》的报告。会议讨论了包括"建军、剿匪、发展生产、繁荣经济、参军支前、保护工商业、实行'耕者有其田'"等重大政权建设问题，会议还扩大宣传了中国共产党的统战政策，通过了《为解放泰安殉难的烈士建立纪念碑的决定》，县长许英年亲自撰写碑文。首届全县各界人民代表大会的召开，极大地鼓舞了全县广大人民群众的斗争热情，调动了全县社会各界人士的参政、建言的积极性，对于巩固新生政权、稳定政治局面，起到了关键与重要的作用。

中共依安县工委在建立县、区、乡各级民主政权，带领全县人民恢复和发展生产、巩固政权的同时，也注重加强了对旧政权包括对敌伪政权留用人员的思想改造、组织鉴别与清理。

10月，中共中央东北局发布了《东北政联委员会对目前政权工作的指示》，针对依安县在接收伪政权时，对伪政权的机构和人员基本予以保留的情况，按上级要求，结合依安实际，县工委对县政府机关干部进行了认真整顿、清理，清除了平时不易改造的伪职员。在现有革命队伍中，主要是军队和基层干部中思想觉悟高、工作能力强的人员中，选择了一批同志，更换了一批科长、副科长、区长、副区长。

1947年12月28日，中共泰安县委（1947年10月18日，经东北行政委员会照准，依安县改称泰安县，依安县政府改称泰安县民主政府。1952年6月12日，因县名与山东泰安县重名，以中央人民政府政务院照准，复名依安县。下同）根据黑龙江省政府、省军区关于"在政府、军队机关内部，开展'查阶级，查思想'运动，清洗敌伪残余、地主和一切斗争对象"的指示精神，对县、区政府中的干部进行了甄别与审查。对一些干部队伍中不合格的人员进行了清理、免职，其中，建设科长王有维被三兴区群众揪回斗争。

同时，在清理干部队伍的基础上，对县内各级干部的生活、作风、执行任务、深入实际及结婚等方面都作了明确规定。党政军各级干部一律实行低标准供给制。不久，又改为以实物计算的货币工资制并严格掌控标准，体现了民主政府与广大人民同甘共苦、官兵一致、干群一致的新标准、新风尚。

为加强政权建设，为依安的工作与发展提供组织保证，从1945年12月31日依安县解放到1949年10月1日新中国成立，中共黑龙江省工委（省委）从老解放区和延安派到黑龙江省的干部中，选调和派遣30多名革命资历老、政治觉悟高、工作能力强的干部充实到依安（泰安）县、区（科）级党政机关中担任领导职务。这些干部的到来在一定程度上弥补了党政机关中有经验的骨干力量严重不足的状况，无异于雪中送炭，成为依安（泰安）在解放战争时期的中坚力量。

由于刚刚解放，百废待举，特别是干部队伍中有文化、懂政策、作风好的干部奇缺，县工委针对这种情况，采取自力更生、开办干部学校的方法，自己培养"有思想、有知识、有能力"的复合型干部。

1946年5月，中共依安县工委经多方协调、筹备建起了依安解放后第一个自己的干部学校。校址设在泰安镇（时为依安县工委、县民主政府所在地）北大街路东一家伪满时期的当铺旧址。首批从全县城乡及现有的机关、军队人员中招收具有初中文化程度的男女青年40人，编为一个班级。时任依安县民主政府县长的许英年兼任校长，教导主任王平是从关内老解放区派到依安的一名年轻女干部。开学典礼上县长许英年亲自作报告，号召全体学员好好学习，树立革命人生观，跟共产党走，学好本领全心全意为人民服务。选用的教材主要是中共中央毛泽东主席的《新民主主义论》《为人民服务》等著作，由于当时没有正规课本，学员们就边抄写、边学习，还经常请县主要领导定期作形势报告。

1947年，干部学校又增设一个师范班。同年6月，依安干部学校首批学员毕业。经过一年的学习，学员们较大地提高了政治水平和文化素质，又经过组织、纪律部门的政治、历史等方面审查，分别到县、区政府和"土改"工作队、公安局等单位工作，少数成绩优异的同学又被推荐、保送到北安军政大学进行深造。

1947年初，中共依安县委又几次举办干训班，先后培训在职干部、后备干部及积极分子200余人，然后直接充实到全县党政军、企事业部门和单位任职。

1948年，在建立政权、改造政权的基础上，中共泰安（依安）县委按照黑龙江省委指示"从思想上、作风上、组织上健全政权"的要求，县委本着"精干、需要、重点"三个原则，对全县各级政权组织作了相应的调整与配备。县委着手从宏观上全面、系统，有针对性地按照现在需要来训练和培养干部，进一步充实和加强各级政权组织的干部力量。主要途径是通过短期训练的方式来培养干部。1948年9月18日，中共泰安县委（1947年8月—1952年6月12日，以下同）第一期干部训练班正式开学，到1949年4月14日，培训计划结束，共连续举办4期干部训练班，每期近两个月，共训练干部600余人。由于干部针对性强、有的放矢，贴近工作实际，体现了自力更生、培养合格、实用人才的原则，故不但解决了本地干部不足的现时困难，还为新解放区输送了一批来自于工作基层、富有斗争经验、具备理论头脑的得力干部，有力地支援了全国的解放战争。

1949年2月，按照省委要求，中共泰安县委决定从全县各区及县直机关抽调54名具有丰富经验的同志，组成两个中队，第一中队队长张天合，副队长车铁铮，配属队员24人；第二中队队长赵旭天，副队长李成秀，配属队员26名，南下支援新解放区的斗争和建设需求。这些人为全国解放、建立新中国及祖国的经济建设工作作出了积极的贡献，其中许多同志后来在中共各级组织与政权机构中担任了重要职务。

1946年1月1日，依安县民主政府在泰安街（今依安县依安镇）正式成立。随着县政府工作的强势、有序开展，党的组织力量与执政能力也日益加强，为适应革命事业发展的需要，1948年初中共泰安县委、县政府调整了政权机构。增设农业科、工商科、武装科，设人民法院，撤销建设科、司法科。同年6月初，按照中共黑龙江省委要求，县级基层政权由乡政府改称村政府。1948年9月26日，中共泰安县委经过运筹部署，决定首先从身边做起，先点后面，先县后镇，由点及面稳步推进的方法，先整建城镇街政权，然后再推广到乡一级政权。也就是以县城为中心向中心城镇辐射，然后再向下级区、乡延伸。先从县城所在地的泰安城四个街和依安（今依安县依龙镇）、双阳、宝泉、三兴、通宽五个街建立起民主政权机构，中共泰安县委在全县各级干部中公开选拔和任命阶级成分好、办事能力强、思想觉悟高、纪律作风正，能真正为老百姓说话与办事的人员为街长。

1948年12月7日，考虑到全省农业生产的时间紧迫性与地域特殊性，中共黑龙江省委、省政府发出《关于建政工作的指示》，要求在"明年春耕以前，完成县、区、村三级人民代表大会和政府委员会的选举，建立起经过普选的人民民主新政权"。同月18日，中共泰安县委决定组成由依安县民主政府副县长王英樵、县政府民政科科长冀民为组长的基层民主建政工作组深入到中心区和顺村、宝泉区宝德村进行基层民主建政试点工作，为全县基层民主建政提供经验，树立样板，择机铺开。全县其他各区也按照县委的指示和部署进行各自的试点工作。

1949年2月18日，全县基层民主建政试点工作按计划、按时间全部结束。在听取汇报、总结经验、取得了大量的第一手资料之后，中共泰安县委利用农闲机会，召开会议，进一步讨论建政问题、审查和批复全县各区建政计划，出台全县民主建政方案，决定抓紧利用一个半月的时间，在春耕前完成全县的民主建政工作。

2月23日，泰安县政府召开专门建政会议，部署全县建政工作，要求3月末前完成全县村级选举工作。翌日，泰安县基层民主建政工作面向全县城乡全面铺开。县、区政府举全县之力，从各级组织中抽调大批干部组成民主建政工作组，深入全县各村领导村选工作。3月末，全县基层建政工作胜利结束。全县建政后的12个区，各设区长、副区长，民政、财粮、实业、教育等助理若干人，村选后，全县各村设政府委员会，委员会设主席、副主席，民政、财粮、生产、文教委员5—7人。村级建政结束后，普遍清理了财政，结清了账目，重新建立起科学、规范的制度。通过这次民主建政工作，增加了广大人民群众对共产党及其政府的信任度，提高了人民群众当家作主的主人翁意识，推动了人民群众生产的积极性，也使农村政权得到了进一步巩固，为中华人民共和国的建立奠定了坚实的群众基础。

第三节　建立人民武装，群团同心合力

1945年9月29日，东北人民自卫军北安保安队成立，同年11月15日，改为黑龙江省军区。从此，东北人民有了自己的武装——真正的人民军队。

11月16日，中共黑龙江省工委在北安召开干部座谈会，分析面临的形势，确定了"先南后北"的工作方针，首先巩固地掌握北安地区，然后向黑河地区发展。会议决定在绥化、海伦、北安建立军区所属的一、二、三支队，各县建立县大队。

为彻底摧毁敌伪旧政权，建立和保卫新生政权，11月，在中共黑龙江省工委的部署下，中共依安县工委（1945年11月—1946年11月）在省城北安市组建班子，着手筹备依安县人民武装力量。依安县工委在北安市区的一个旅馆内，插旗招募新兵，组建军队。不过数日，就招募新兵40余人。县工委的各位常委，分头与新招募的新兵谈话，审查其出身历史与现实表现，根据新兵当中每个人的思想觉悟和工作能力，选派班长、排长。然后由黑龙江省军区下属的军需处统一按人数配发枪支弹药。随着武装解放泰安的战事准备工作的推进，中共泰安县工委向前移驻至克山县，招募新兵工作也随之前移，在克山县又招收新兵100多人，加之先前北安招募的部分，编为3个排，组成一个步兵战斗连队，名为东北人民自卫军依安县保安大队（简称：县大队）。依安县民主政府第一任县长许英年兼任县保安大队大队长，县工委常委张冰任副大队长，县工委书记曾昭敏兼任政治委员，常委刘孜如任副政委。这是依安武装工作建立之始。

为了适应飞速发展的形势需要，迅速提高新组建县大队的战斗力，尽快加入解放泰安的战斗序列，依安县工委利用半个月左右的时间，对新组建的队伍进行速成军事训练。县工委领导每个人负责分担两个班的政治、军事指导，每天深入下去，吃住在基层，面对面和新兵战士谈话、聊家常，进一步启发新战士的阶级觉悟；手把手教授新兵实战技术。经过半个多月的速成训练，对这些初摸枪杆子的新战士提高很大。

12月下旬，新组建的依安县保安大队随解放泰安之大军西进，刚刚脱下老百姓的服装，用拿惯了锄头与铁锤的手接过枪杆子，甚至还来不及与家里的亲人珍重道别就投入了解放泰安的战斗。

1946年1月1日，泰安战役胜利结束，县大队在黑龙江省军区首长和泰安镇父老乡亲的检阅下，整装进城，光荣进入了保卫新生政权、巩固胜利成果的序列。随之，为适应新的革命形势发展的需要，县大队迅速进行了扩充与改编，由原来的两个步兵连扩编为3个连，其中包括一个骑兵连。总编为一个营，改名为中国人民解放军东北民主联军依安县保安大队（亦称县大队）。

泰安战役结束后，中共依安县工委进驻依安县政府所在地泰安镇。这一期间通过参加泰安战役和县域内剿匪等活动初试锋芒，部队纪律严明，秋毫无犯。由于广大民众深受敌伪压榨之苦和"光复军"、土匪掠夺之害，因此，县城甫一解放，大批青壮年都积极要求参军以报仇雪恨，这是参军新兵的主要来源。另有在泰安战役结束后，在审查被俘人员中发现有相当一部分人是受尚匪其悦之流蛊惑蒙蔽，或者是由于各种原因被胁从者，经过教育感召，晓以大义，认清出路后弃暗投明、反戈一击，自愿参加人民军队，从而掀起了又一轮扩兵的高潮，军队有了更大的发展，共招收、接纳和改编1 000多人，补充到县大队，又新建成六七个步兵连队。在建立健全县大队的基础上，依安县工委在全县11个区（城关区除外），也建立了区中队。各区中队的兵源主要是县大队派入，另有收缴地主武装改编。各区中队人数多少不等，少者20几人，多者50多人。区中队的主要任务是配合县保安大队扩军支前与维持县域内社会治安。区中队的建立，也在保卫基层政权、维护地方稳定、抗御小股土匪侵扰中起到了不可估量的积极作用。

1947年10月，新任中共依安县委（1947年11月改称中共泰安县委）书记刘孜如任县大队政委。11月，依安县保安大队随县易名为"泰安县保安大队"。

1948年8月，县长刘干如兼任泰安县保安大队大队长，县委常委刘克之任副大队长（后为大队长），同年11月，东北全境解放，为配合解放大军南下，支援全国解放战争，黑龙江省委命令各县大队统一改为县公安中队，核准编制为200人，县以下各区为公安小队，核准编制10人。各县人民政府成立武装科，首任科长孙玉芝（女）。1949年后，科长为胡炳东，配属科员2人。其工作重心也相应转移，服从形势需要，主要任务是组织和训练民兵、战勤和扩兵动员等。

民兵组织的兴起与组建列编，也是依安解放后依安县人民武装建立的有机组成部分。

1947年下半年，为实现中共中央"耕者有其田"而在东北大地掀起的土地改革运动，其势如暴风骤雨，迅猛异常。为保卫胜利果实，维持乡村治安，镇压和监督农村不法的地主分子，翻了身的农民自发地组织了地方自卫队（民兵组织的前身与雏形）。农村中18—30岁的广大青壮年自发报名，踊跃参与，甚至部分青年妇女及儿童团也乐在其中。自卫队员昼夜轮换值班，担负站岗、放哨、防奸、防盗、防特，配合主力部队剿匪等任务。这些自卫队员（民兵）在中共基层党组织的引领下，继承和发扬共产党、八路军的优良传统和作风，坚持劳武结合，常年训练，一手拿锄头，一手握枪杆子，为保卫新生政权作出了重要贡献。全县162个自然村，每村30—50人不等，全县共计有自卫武装8 100多人，真正地做到了寓兵于民，能农能武，招之即来。

根据国民党加紧向东北进攻，内战即将爆发的紧张形势，1946年5月5日，中共黑龙江省工委发出《关于目前政治形势的通知》。其中指出，黑龙江是战争后方，要求各县集中力量发动群众，全力以赴支援前线。

1946年下半年，按照中共西满军区和黑龙江省军区的要求，全省各县级民主政府陆续成立了警卫团。依安县警卫团团长为向军，县委书记曾昭敏任政治委员，县委常委刘孜如任副政治委员。新组建的县级警卫团的主要任务与职责是为了支援全国解放战争扩大兵源、接收新兵、训练新兵和向全国各战场输送新兵。警卫团从成立至1948年11月，即地方武装部门（县称武装科）建立前，共为支援前线输送新兵3 100人左右。

随着武装力量的建立，巩固了基层政权和提高了政府执政能力，同时，县级群团组织也开始建立和完善。

泰安解放后，为保证全县恢复经济、发展生产的工作能顺利进行，县民主政府提议并牵头组织了依安县工农联合会，初始只有县政府加派的几名干部，主要负责下乡做好广大贫苦农民的工作，协助以全县自然村为单位建立农会、贫农会，开展"土改"

和"支前"工作。1946年4月14日至15日，依安县各界人民代表大会在泰安街召开，出席会议代表92人。依安县民主政府首任县长许英年做关于《关于民主政权建立和工作任务的报告》的报告。会议讨论了建军、剿匪、发展生产、繁荣经济、参军支前、保护工商业、实行耕者有其田等重大问题。会后，于当日成立了由工、农、商、青、妇各界共同发起与组成的依安县建国联合会。由中共依安县工委常委郭文仲提纲依安县建国联合会主任委员。其驻会之农、工、商、青、妇等各界代表委员负责本系统（群团）之具体群众工作。

依安县村农商会的成立 1924年，依安县农商会成立，会长栾玉珠，副会长张福铸。1925年，依安县农商会分立。栾玉珠、张福铸任农会正副会长。时农会宗旨以增进农民知识、扩展农业经济为主，以图农事耕举、稼穑之改良发达。当年吸纳会员634人（由农户组成），入会者需缴纳会费核大洋1圆。

1946年1月，依安县民主政府成立，在建立县、区、乡（村）三级政权的过程中，按照中共黑龙江省工委的指示，依安县工委组织武装工作队深入农村发动群众，开展以反奸除霸为目标的清算和减租减息以及没收与分配日伪土地的斗争，实现耕者有其田。在工作队的引领下，全县农村以自然村（乡）为单位建立农会组织，主要负责向广大农民宣传共产党的政策，发动群众，组织贫下中农积极参加土地改革运动和参军支前工作。

依安县总工会的成立 1946年4月15日，依安县建国联合会成立之初，农、工、商、青、妇等群团组织全部涵括其中。其代表工业界别的委员专司负责全县工企单位的宣传、发动与组织工作。其基本职能相当于后来的工会。

1948年6月，根据中共黑龙江省委《关于组织工作的通知》中关于"如县属主要农村，则县工会可与城关区工会合而为一，不另设机构"的指示精神，中共泰安县委于7月初组成了泰安县职工筹备委员会（正式委员会没有成立前，其代理行使县总工会的职权）。筹委会设主任1人，副主任2人，委员10人。会议发表了宣言，起草了章程，对职工筹备委员会分会等各级组织的规模、会员入会的条件等，均作了具体的规定。

11月，泰安县召开会议，宣布正式建立泰安县工会联合会（与城关区分会合而为一）。会议参加代表53人，代表全县所属39个业体单位。会议选举冀民为泰安县第一届职工代表大会主席，程永仁为副主席，下设委员13人。其委员的职能是负责抓好基层工会的组建和各项活动。主要任务是发动工人搞好生产，加强职工教育，开展文体活动。私营企业要根据"发展生产，繁荣经济，公私兼顾"的原则，制定好"劳资合同""师徒合同"，化解劳资纠纷，保障职工的权力、义务和利益。会议还作出决定，1948年5月1日为泰安县工会成立的时间。到1948年末，全县有工人总数2 225人，会员总数1 717人。

依安县妇女联合会的成立 1946年1月，依安县民主政府成立，妇女工作，主要由县妇委（依安县建国联合会的组成部分）直接领导和组织。主要职能是提高女权、地位、民主、婚姻（废除买卖婚姻）等。广大基层农村的妇女组织从属于当地的贫雇农会。受贫雇农会的直接领导。在农会议事中，男女权利相等。城内的妇女工作，主要包含两个方面：一是组织贫苦妇女参加工作，开展生产。二是组织妇女进行政治学习和文化补习。1946年4月，全县12个区政府都相应配备了妇女委员。

1948年1月14日，泰安县（1947年10月18日改名）妇女工作委员会成立。领导全县广大妇女同胞踊跃参加土地改革、支援前线和"大生产运动"。

5月26日，泰安县召开劳模大会，在选出的劳模626人中，有妇女劳模55人，占全县劳模总数的7.8%；全县获特等奖的劳模9人中，就有三兴区的王月英、新兴区的赵杨氏2人。

1949年3月8日，在庆祝"三八国际妇女节"的同时，泰安县第一届妇女代表大会在泰安镇（依安镇）隆重召开。参加会议代表74人。中共泰安县委书记王维之做妇女权利报告，县委副书记郭文仲做妇女工作报告。大会选举产生了泰安县民主妇女联合会，共由委员13人组成，其中：主任1人，常委7人，执委6人，会议选举周文楠（女）为泰安县首任妇委书记（兼）。同年的11月29日，召开了全县妇女代表会议，通过了选举事项。按照妇联组织原则和选举法规，又扩大选出5名常委、11名执委和5名候补委员。全县12个区建立了妇联组织，计有19名专职妇女干部，另有27个村建立了妇联组织。

依安县青年团组织的筹建 1946年4月15日，依安县成立建国联合会，由农、工、商、青、妇各界联合组成，其各界代表为委员，青年界代表具体负责全县青年的组织发动工作。

1948年10月28日，中共泰安县委开会决定成立中国新民主主义青年团泰安县筹备委员会。

12月1日，中国新民主主义青年团泰安县筹备会召开第一次会议。同月7日，召开第二次青年团筹备会议，会议决定在召开纪念"一二·九运动"会议后，在泰安中学公开建团。22日，泰安县筹备会批准团员21名。25日，泰安县青年团筹备会在泰安中学广场隆重举行泰安中学新民主主义青年团成立誓师大会。泰安中学全体学生及县内各机关的青年代表176人参加了会议。

1949年1月1日，中共中央作出《关于建立中国新民主主义青年团的决议》。泰安县委根据中央指示精神，成立泰安县新民主主义青年团筹委会，任命县委第二副书记、宣传部部长王维之兼任筹委会主任，孙焕德任副主任，委员6名，工作人员若干名。

　　筹委会在城镇通过各种形式，向广大青年开展了宣传工作，大力宣讲建立青年团的意义、性质和基本任务。5月，由筹委会副主任孙焕德带队，深入县贸易公司，进行发展青年团员及相应建立团组织的试点工作。期间，发展团员40余人，并建立了全县第一个基层团组织——泰安县贸易公司团总支委员会。随后，又趁热打铁，在县亚麻厂、大众木厂等单位建立了团组织。

　　从1949年下半年开始，全县农村也开始筹建团组织的工作。同年8月，在通宽区（今上游乡）建立全县第一个团区委。截至年末，全县共发展团员1 000余人，全县城内各系统、农村各区基本都建立了团组织。

　　12月，在泰安县召开了中国新民主主义青年团泰安县第一次代表大会，出席代表180名，代表全县1 000多名团员。会议总结了自筹备会成立以来，在城关区、依安区、双阳区、县贸易公司及泰安中学建团试点情况，大会选出团县委委员11名，选举宋振宇为第一任团县委书记（县委常委、宣传部部长兼任），孙焕德为副书记。团县委下设四个工作部，分别是组织、宣传、儿少、青工部。

第六章　保卫新生政权，支援南下前线

第一节　剿匪除患，保卫果实

依安县地处塞外，偏远封闭，交通不便，又加上沼泽密布，在历史上就是有名的土匪集中活动地区。"八一五"光复前，大、小胡匪啸聚山林，剪径绑票，劫掠城乡，滋扰闹事，其人数之众，活动区域之广，为害作孽之甚，为依安历史上所罕见。光复后，本自坐地蟊贼的几十股胡匪，在国民党的引诱、利用下，摇身一变，成了左右当地的政治土匪。他们大多以国民党"挺进军""光复军"为招牌，联系各种帮会道门等贼众，沆瀣一气，同流合污，破坏社会治安，制造恐怖气氛，危害新生的民主政权。

在依安境内活动且比较猖獗的土匪主要有三种类型：

一是以本地活动为主的土匪。依安本地出身的土匪主要有报字"扫北"的匪首王洪，手下有喽啰30余人；报字"中侠"的匪首王海，挟匪徒20余人；"大青山"匪首安国良，属下60余人；"大奉字"匪首刘安，聚合50余人；"打得好"匪首傅贵斌，纠集30余人；"天下红"匪首侯奎武和"天边好"侯义，手下70余人。另有小股绺子十余股，匪众四五百人。

二是由外埠窜入的股匪。这类匪人一般在外地有固定的地盘，但因时令、季节而窜入依安的土匪，或因迫于当地剿捕压力，或因当地采盗无门，或因垂涎土豪大户而来夺食的"损贼"。主要有富裕县的"丁老客"，匪首丁源臣，啸聚200人之众；"东北军"匪首邹海楼，哨众130余人；"天圣"张喜武匪部，有匪徒60余人；"靠山红"于长春匪股，有匪徒50余人；"文君"匪首周殿文，匪众50余人；"四海"郭奎武，计有匪徒50余人。林甸县的"局红"首领康连有，下属40余人；还有"金龙"肖树林、"保国"费纪三、"七点"王占和等小股蟊贼。另外，拜泉县的贼酋张品一，报号"九江龙"；克山县的匪首魏喜荣，自诩"花蝴蝶"；讷河县的匪首李有才，作势"登山好"；龙江县的马贼多明福，假名"草上飞"，等等，不一而足。

三是盘城踞穴、坐镇指挥的悍匪。这主要指国民党聚集与豢养的一些穷凶极恶的帮凶，如伪官吏、旧警察及胡匪蟊贼，散兵游勇。

从1945年12月起，国民党"挺进军"尚其悦部盘踞泰安街，坐拥地利，搭巢营穴，广积粮草。时泰安周边各县均已被共产党、八路军相继接收或解放，一些日伪政权之丧家之犬，如过街老鼠，无处栖身，四顾惶惶。国民党之尚匪其悦遂趁此机会，插旗招兵，开粮放马，招降纳叛，藏污寻垢，共搜罗匪徒1 600余人，加之原部，号称三千之众，妄图以泰安街为基地，指挥嫩江、富裕、林甸等七县八处，作乱泰安，与共产党领导的东北人民自卫军分庭抗礼。

国民党以封官许愿的方式，将各路土匪招入麾下。这些土匪原背景复杂，本来就很少良民，加之多年的好逸恶劳、吃喝享乐惯了，所以，一经招募，便为虎作伥，死心塌地与人民为敌。

匪患之大，固然有政治上的关系。但是客观上的原因也不可忽视。一是日本投降后，一些惯匪、反动地主武装与国民党互相勾结、沆瀣一气，甘心接受其招安与委任。例如，国民党大都以中央军的所谓"正统"的招牌，组织"先遣军""挺进军""光复军"，来网罗纠集，壮大力量。例如，1945年11月25日，匪首尚其悦趁着日本投降，权力真空，就以国民党的名义派其手下孙藻庆将日伪依安县公安大队收编为"挺进军第2独立团"（后属七旅），委任伪泰安街街长白星魁（绰号"白大胡子"）为团长，又招降刘汉、王洪、"四海"等土匪，以壮声色。二是，国民党反动派派遣大量特务、干训团等，趁日本投降之机，先期利用日伪统治机构的网络和触角来组织皇协军、旧警察、伪官吏、宪兵、特务等组成"地下军"等武装土匪组织。例如，1945年12月初，尚匪其悦假"国军"之名，在泰安街复兴信烧锅设"国民党东北行营第一战区挺进第一军司令部"。然后招降纳叛，拉拢引诱，扩大队伍。三是由于共产党进入初期，对敌情匪患了解、掌握不够全面、准确，对敌伪残余势力估计不足，在发展壮大自己的队伍时良莠不纯，给国民党特务以可乘之机，从革命队伍拉出去不少叛变分子。例如，1946年，泰安城解放之后，国民党地下军苏方、王子玉等通过各种关系和手段，在依安县乡村干部中，拉拢腐蚀少数臭味相投、立场不稳者作为其走卒和所谓"内线"。例如，新发区自卫队文书及和乐乡（村）主任被拉下水并封为"挺进军"营长，自卫队员王某、姚某及城关区东关间委会主任为"挺进军"连长。至当年11月，苏方从泰安街撤离时，委托城关区张某、新兴区李某、富海区薛某，及依安区（依安镇）、中心区、三兴区的裴某、报字"三省"的匪首周国祥等为"内线"进行地下活动。

土匪的猖獗给解放初期的依安的社会环境与民众生活带来了严重的威胁与极大的戕害。这些武装款项配合国民党反动派的武装正面进攻。袭击新生的区、乡（村）政权，杀害地方干部，截击运输物资、破坏铁路交通、策动地方武装叛变，制造谣言、蛊惑宣传，甚者劫掠民财，残害无辜，造成社会动荡，人心不稳。

抢劫财物，荼毒乡间。"八一五"光复后，吉林省农安县恶霸地主唐国盛裸身为匪，报字"仁义"，窜入齐嫩地区与胡匪"常胜"勾结，制造"光复军"，伙同绺子"站北"郭明远、"青山"李炳阳、"中林"周景德等贼众在泰安、富海境内"剪径""绑票"，杀人越货。独霸富裕县龙安桥的土匪"东北军"匪首邹海楼，占据交通要道，无论公私财物、百姓官商一律交钱买路、纳物留命，被抢劫的民众财物或军用物资不计其数，周边几县人民咸畏其害，苦不堪言，或曰"雁过拔毛"。就连自诩为正统国军、"代表东北民众利益"的国民党"挺进军"，在仓皇逃离泰安街时，也大肆劫掠，抢走民间大车72辆、马276匹、各式衣服5 000件。整个泰安街有"泰和公"等十几家较大商店被洗劫一空。县内有粮仓200余座、粮食2 440万公斤，连带80余间民房被野蛮地付之一炬。

抢占县城，颠覆政权。1945年8月19日，为准备迎接国民党中央军接收依安县，日伪县长施永珍成立了所谓的"县地方维持治安委员会"。26日，苏联红军来依安县城接管，成立卫戍司令部。8月末，共产党领导的东北人民自治军北安保安队派地下党员陈查礼为组长来泰安街做接收工作，由于苏军接管较晚，泰安街内反动势力猖狂，中共接收工作无法开展。同年11月，东北人民自治军又派地下工作者李忠林（李春生）、刘德礼到依安与施永珍等谈判接收事宜，遭到拒绝。11月25日，中共黑龙江省政府截获国民党特务组织准备武装进攻第二号通知，"通知"号召国民党人员到拜泉、克山、依安（泰安街）参加匪军，集中兵力进攻海伦、绥化，消灭黑龙江省东北自治军，占领泰安街并据此成立国民党黑龙江伪省政府。12月6日，国民党先遣分子尚其悦网罗日伪残余之军、警、宪、特及土匪数千人抢占黑（龙江）嫩（江）两省交界处的要地——依安县城泰安街。泰安解放后，被击溃的"挺进军"残余势力对新生的人民政权恨之入骨，想尽办法进行颠覆。

1946年农历五月初三，夜半之时，匪首"君合"率喽啰40余，突然袭击新兴区政府和区中队。在摸掉了区中队哨位后，将区中队战士困在院内，趁机向东院的区政府进攻，激战半个小时后，匪徒见久攻不下，又忌惮援兵赶到，腹背受敌，便仓皇撤离。

1947年3月，国民党"地下军"姜鹏飞部第七十九师师长王子玉以组织"家理教"为名掩护身份，在泰安镇东公所（东四道街，内有"大仙堂"，供奉有大仙爷爷、大仙奶奶，是"道德会"的聚会场所）与东公所当家的高青山（潜伏特务）、外来特务张秉臣等秘密成立"地下军"师部，委任参谋长、旅长、团长，暗藏大量弹药，密谋在1947年5月举行暴动，被民主政府公安机关及时侦破并抓捕到案，公判后用胶轮大车拉出西门外枪毙。

1947年，依安区（今依龙镇）政府以缜密侦察逮捕了报字"三省"的政治土匪周国祥，收缴了带有国民党印章的"国民革命军先遣第一军十八团团长"的委任状。经审讯周国祥供出了"是兵没饷，是胡子不抢，打八路杀穷人，单等老蒋"的反动口号。

抢夺军列，破坏交通。1945年12月15日，原伪满依安警察署长、国民党依安党务专员办事处书记长宣明哲，利用隐藏在齐（齐齐哈尔）—北（北安）铁路线上泰安、泰安车站内的匪特分子，窃悉东北人民自治军从北安开往齐齐哈尔军火列车的绝密情报，伙同"挺进军"旅长孙藻庆、匪首刘汉等，纠集二三百匪众，在泰东车站与古城车站之间150公里处的"鳌龙沟子"扒开铁轨，颠覆列车，然后伏击，妄图抢夺军用物资。黑龙江省军区闻讯派出省军区三旅旅长廖中符星夜驰援，将匪徒一举击溃。

制造恐怖，实施暗杀。1946年6月，为贯彻中共中央《关于土地问题的指示》（简称《五四指示》）和《中国土地法大纲》，在中共黑龙江省工委的直接领导下，依安县的土地改革正式开始。以国民党反动派残余势力为代表的反动恶霸地主不甘心失败，妄图螳臂挡车，处心积虑地勾结匪特分子，疯狂杀害"土改"积极分子和民主政府派出的工作队员。8月26日，依安县双阳区原一宽甲（今双阳镇孟常村）反动地主王祥将"土改"积极分子、农会主任孟昭义和武装队长常明昌骗至家中，被预先埋伏在屋内的匪首"张司令"（张明久）等众匪徒抓获。经匪徒惨绝人寰的严刑拷打后，孟昭义、常明昌坚贞不屈、誓不低头，最终被丧尽天良的土匪活埋。

1947年1月8日上午，被东北人民解放军打得望风披靡的残匪"天边好""天下红"等聚众百余，潜迹于讷河县奎东区（今依安县先锋乡）东南一带，伺机报复。时奎东村主任魏玉盈与武装委员傅有明、集福村武装委员王志刚、兴隆村武装委员何庆信4人闻讯后直奔到张大窝棚屯（后为忠诚村。今依安县先锋乡四烈村8屯），准备联系部队将其剿灭，不幸与匪遭遇，因与区中队失去联系，欲退不及，遂以场院、草垛、壕沟为掩护和依托，顽强抵抗，且战且退，终因弹尽无援、寡不敌众，傅有明、王志刚在战斗中英勇牺牲，魏玉盈、何庆信受伤被俘，虽经严刑毒打仍不失气节，慷慨赴义。

1946年10月，县民主政府"土改"工作队进驻新兴区太平乡（村）时，被土匪"君合"帮窃悉并潜入太平乡（村）九组。为防止走漏消息，土匪将全屯人集中控制起来，伺机攻打"土改"工作队。在光天化日之下，将一名去兴福乡（村）给"土改"工作队送弹药的区中队战士劫持，劫去步枪2支、子弹100发。当天晚间，又将一名区中队副队长及护送的"土改"积极分子扣留。后来，"君合"土匪又窜入爱农乡（村）王凤屯，将2名正在做群众工作的工作队员抓获，其中一名被杀害。

1948年4月16日晚，三兴区北顺乡（今三兴镇占春村），反动地主勾结伪警、匪特3人，精心策划，趁夜深人静，月黑风高，将去外屯工作回来的乡（村）干部牛占春截住，然后用布带勒死。

土匪的嚣张气焰，严重地影响了民主政府各项工作的正常开展，扰乱了社会秩序，给广大民众的生产、生活带来了极大的伤害。

1946年1月1日，依安县民主政府成立，为了巩固新生的红色政权，适时地开展反霸除奸、"减租减息"及土地改革工作，给广大民众提供一个安宁祥和的生产、生活环境，中共依安县工委、县民主政府决定以军队为主，迅速开展全面剿匪斗争。整个剿匪斗争，按照中共黑龙江省工委的统一部署，分为两个不同阶段来执行。

第一阶段：从1945年"八一五"光复到1946年9月，以主力部队为主，公安机关配合，重点是对大股土匪进剿。

第二阶段：从1946年9月到1948年底，以公安机关为主，地方部队配合，对小股土匪及散匪进行清剿。

以下是依安境内三次较大的剿匪战斗。

歼灭"华山"等土匪 1946年2月15日早晨，县长许英年和在依安区（今依龙镇）工作的中共依安县工委书记曾昭敏分别接到驻百川区（今中心镇）县大队连长张克歧的告急电话：土匪

"华山""大青山""常胜"等挟土匪200余众，潜入区东南原甸阳甲（今中心镇庆荣村）刘凤桐等3个屯，请速派兵进剿。上午10时许，曾昭敏与县公安局局长孙冰水率队轻装先到高家烧锅屯进入阵地，准备从南面阻击。县长许英年接到电话后立即派翻译与苏联红军联系，请求支援。苏军同意后，许英年县长携同苏军40余人，分乘3辆炮车，从县城泰安镇出发，拟采用"挤压战术"，欲将土匪向南面我军设下的"网"里赶。下午1时准时到达百川区政府（今中心镇），与县大队张克歧连长会合。由张克歧连长率一个排配合包围屯西，区中队长祖守斌带区中队一个排从屯北扎住"口袋"。完成包围后，县长许英年下令发起猛攻。为减少牺牲，由苏联红军用火力压制土匪，向土匪藏匿的刘凤桐院内连发9炮，匪徒猝不及防，拼命向外逃跑，正中埋伏。县大队两个排的2挺机枪和苏军的2挺机枪同时开火，匪徒死伤惨重，匪首"华山"被当场击毙。这次战斗，共歼匪80余，伤、俘匪30余，余皆溃散。

吉星岗剿匪 1946年8月26日早饭前后，依安县警卫团团长向军接到报告，得知匪首"张司令"（张明久）于26日清晨，在双阳区王宽屯与反动地主王祥勾结，活埋了"土改"积极分子、农会主任孟昭义和村武装队长常明昌后，为逃避打击，向依安区（今依龙镇）方向逃窜。向军团长迅即亲率骑兵追击，在依安区城北永胜屯（今中心镇永胜村）与县驻区警卫团郑国强营长相遇，会合后组成120人的队伍兼程进剿。天黑时，追剿部队赶到二龙屯（今依龙镇新立屯）休息时，接到群众举报：匪首"张司令"，勾结匪股"大青山""四季好"等70余众，已先期进入平山屯（今依龙镇平山村）过夜。夜半时分，部队向平山屯之匪发动攻击，睡梦中的土匪丢盔弃甲、仓皇逃窜，慌不择路，于28日黎明，被县警卫团包围在依安与林甸县交界处的吉星岗（今林甸县东兴乡）黄家窑的一处地主大院内。上午10时，向军团长指挥部队分北、东、南三面形成了包围圈，摸掉岗哨后，将众匪困在院子里。下午4时，剿匪部队开始攻击，顽匪凭借院内的炮台和围墙疯狂还击，作困兽之斗。5时许，冲锋队员向院内猛力投掷6颗手榴弹，院门被炸开，匪徒将战马从院门牵出，以造成假象，而人员却在院西北角挖开一个洞口往外爬窜，外面的部队以逸待劳，一枪一个，逐个"点名"，匪徒大部被击毙。部队随即借势攻入院内，少数匪徒束手就擒。晚7时，战斗结束，匪首"大青山"等15人被击毙，生擒10人，俘获战马30匹，缴获长、短枪50余支，弹药无数。

全歼"君合"绺子 1947年1月10日，土匪"君合"绺子潜入新兴区太平乡（村）张时升屯。匪徒虽然不多，只有18人，但气焰嚣张，多由反动地主组成，他们不甘心自己的土地财产被分，十分仇恨新生政权，专门与"土改"工作队和村屯干部为敌。新兴区区长杨辉汉和县驻区工作队包德邻得知后，一边准备迎战，一边向上级求援。上午9时许，县保安大队政委曾昭敏、副政委刘孜如、警卫团团长向军率部赶到，立即将土匪包围。曾昭敏政委率部在屯西，刘孜如副政委与包德邻率部在屯东，向军团长率部在屯南主攻，杨辉汉区长率队在屯北阻截。战斗打响后，曾政委指挥用六〇炮向院内轰击，接着向军团长用机关枪向敌人扫射，其他两面也同时发起攻击，外围匪徒抵挡不住，被打回院内。10时，曾昭敏命令发起总攻，战士们冒着敌人的弹雨，向院内不停地扔手榴弹，顿时，院内硝烟四起，缴枪不杀之喊声震地，匪首"君合"等5名匪徒被炸死，其余残匪逃入屋内。攻击部队从围墙四周纷纷搭起"人梯"冲入院内，屋内匪徒如惊弓之鸟，见首领已死，大势已去，从窗户扔出枪支投降。整个全歼"君合"绺子的战斗只持续了半个小时左右，共缴获步枪15支、短枪1支、子弹700余发、战马多匹。

除了以上三股较大的剿匪战斗之外，余下的小股土匪也在依安县地方武装或各区乡（村）自卫组织的打击下，或剿灭殆尽，或销声遁迹。例如，1946年7月19日，一伙残匪趁夜潜入新兴区四马架屯（今新兴乡平胜村2屯），被前屯农民发觉，报告了三兴区自卫队。三兴区自卫队孔队长立刻联络百川、新兴两区自卫队跑步来援，共同作战，不到一小时，就将残匪击溃，击毙3人，缴获步枪3支，战马5匹。1947年1月11日，依安县警卫团联合讷河县大队在两县交界处追剿"天边好"，匪徒5人被打伤后逃窜，警卫团骑兵连紧追不舍，击毙3人，伤10余众。此后，依安境内之土匪已成强弩之末、过街老鼠，人人追而诛之。

从1946年开始，经过近一年的剿匪战斗，依安境内之土匪基本被肃清，匪患之痛基本消除。虽个别地区尚有零星或小股残匪，但在剿匪斗争的震慑下，大都噤若寒蝉、转入地下，不敢公开活动。为根除匪患，长治久安，中共依安县工委按照上级的指示，决定以县级公安机关为主，县公安局建立侦警机构、情报点及群众性的铲奸除匪组织，充分发动和依靠群众开展"挖匪根，绝匪患"斗争，彻底肃清残匪。

整个剿匪斗争共进行大、小战斗38次，毙匪98人，降匪28人，生俘匪徒62人。缴获轻机枪2挺，掷弹筒2个，步枪177支，手枪32支，马匹181匹，其他军用物资若干。

剿匪部队也有14名战士牺牲，29人负伤。

随着剿匪斗争的深入和节节胜利，大部匪众被击毙。按照镇压与宽大相结合、惩办与争取相结合的政策来区别对待。

对于生俘的匪众，遵照中共中央东北局发出的《关于降匪政策的通知》精神，依安民主政府对生俘或投降的匪徒，采取集中受训审查的方式，进行登记甄别。经反复宣传教育，促其坦白错误，反省罪恶。对于真正悔过自新者，须填写悔过保证书，保证永不再犯，以备地方管束机关随时考察点验，然后释放遣送回家，在当地政府、农会和群众的监督之下参加生产劳动，如有可疑或躁动，重新逮捕，罪加一等，从重罚处。

对于首恶分子，如血债累累、罪大恶极的匪首，冥顽不化、杀人如麻的匪徒和惯匪则进行无情打击、坚决镇压。

1947年4月16日，残忍杀害三兴区北顺乡（今三兴镇占春村）干部牛占春的凶手王克勤被缉拿归案，在烈士牺牲之地被正法。

1947年6月20日，于依安县城（泰安镇）召开公审大会，枪决"中侠"匪首王海、"松义"匪首吴斌、"救国"惯匪范景阳、"通众"惯匪韩文举、"长江"惯匪王江5人。同年7月2日，县政府在依安区（今依龙镇）召开千人参加的民众公审大会，枪决"紫金梁"匪首李学文。

1946年7月10日下午2时30分，依安县政府门前广场（原"大舞台"，现为"怡心园广场"）召开民众公审大会，参加者有五千之众。公开宣判并处决大汉奸白云卿和匪首"四海""九江龙"及变节分子李珍4名匪首奸逆。"群众高呼'拥护我们民主政府！''拥护为人民服务的许英年县长！''老百姓翻身万岁！'等口号，在热烈的高呼声中结束大会。"①

从1947年开始，全县开展了"反霸清算"斗争。在组织上，以县公安机关为主线，全县各乡（村）普遍建立了青年自卫组织，162个自然村屯中，普遍地建立了30—50人不等的青年自卫队。不分昼夜站岗放哨、巡逻设卡，查问可疑行人。在工作上，由公安机关派出干警深入各地，以土匪一度活动猖獗，匪情较为突出的村屯为重点，采取多种方法进行深挖运动。同时，县委掌

①原载1946年7月30日《东北日报》。

控全局，组织工作队配合，深入到农村基层，走访群众，个别调查，搜集情况，整理材料，召开受害群众控诉会、斗争会、座谈会，共挖出国民党匪特55人。

至1948年初，根据党中央、毛主席的战略决策及中共中央东北局、黑龙江省委关于剿匪斗争的决定，在中共泰安（依安）县委、县政府的领导下，经全体军民英勇顽强的斗争，全县铲除了匪根，清除了匪患，取得了剿匪斗争的彻底胜利。有效地保卫了新生的民主政权，保证了建党、建政、土地改革、发展生产和支援全国解放战争等各项工作的顺利开展。

第二节　参军参战，支援前线

（一）全县动员，踊跃参军，人尽其人

1945年11月1日，蒋介石集团为了攫取抗战胜利果实，恢复其独裁统治，调动40万军队向东北解放区发动进攻。

12月28日，中共中央作出了《建立巩固的东北根据地》的战略决策。提出建立根据地的地区应放在距离国民党占领中心较远的城市和广大乡村，"让开大路，占领两厢"。"逐步积蓄力量，准备将来反攻"。

1946年5月5日，中共黑龙江省工委发出《关于目前政治形势的通知》。该通知指出，黑龙江省是战争的后方，要求各县集中力量发动群众，全力以赴支援前线。

同年5月5日，中共依安县工委按照省里的指示精神，组织成立了扩兵工作队。依安的扩兵工作由依安县政府和县刚刚成立的警卫团联合动员。县民主政府县长许英年、警卫团团长向军、中共依安县工委书记兼警卫团政治委员曾昭敏、县工委副书记兼警

卫团副政委刘孜如为依安县扩兵领导小组负责人。全县12个区相应成立扩兵工作队，由各区政府主要领导负责，区政府与区中队联合动员参与工作，动员全县人民团结一致、积极参军，努力完成为前线补充兵源的紧急任务。

1946年6月26日，国民党蒋介石集团，撕毁"双十协定"，悍然进攻解放区，全面内战爆发。国民党军队炮击松花江北岸，造成民众人员财产伤亡损失。此一暴行激起了依安人民的极大愤慨。依安县政府据此召开紧急会议，动员和号召全县军民踊跃参军参战。依安人民群情激愤，广大青壮年纷纷响应民主政府之召唤，成群结队涌入县、区政府报名，仅10余天，依安区就有70余名、双阳区50余名、通宽区30名青壮年报名参军。同年9月，县政府召开扩兵大会并下发扩兵通令，再一次号召人民参军参战，支援前线。是月，全县动员新兵250名。

12月至翌年3月，东北第四野战军接连发动了几次较大的战役，消灭了敌人一批"王牌军"，趁热打铁，紧接着发起了著名的"三下江南""四保临江"战役，歼灭了敌人大批有生力量，扭转了战场局势，开始由战略退却转入了战略进攻。

1947年2月9日，依安县民主政府召开紧急会议，发出《动员新战士给各区的指示》，对动员参军的新兵成分等作了较为详细和明确的界定。要求动员对象及入伍新兵年龄为18—32岁，出身农民、工人、学生及有正当职业的贫、雇、中农。在县民主政府的号召下，全县人民积极响应，广大青壮年摩拳擦掌，多次出现了"父母教儿去当兵，妻子送郎上战场"的感人场面。同月12日，通宽区在兴隆乡召开参军动员大会，信义乡（村）乡长吕文太在动员会上为弟弟吕文顺报名。兴阳乡（村）年近古稀的邹老太太会后动员儿子邹振江参军打"老蒋"并亲自到区政府为儿子报名申请。出征之日，老太太为儿子亲手做了一朵大红花，包饺子为儿子送行，在邹老太太的带动下，兴阳乡仅仅8天时间就动员了29名青壮年参军入伍。新兵集结之日，兴阳乡（村）召开隆重的欢送大会，参军的青壮年披红戴花，骑着高头大马，父老乡亲们敲锣打鼓，彩旗飘飘，夹道欢送，还扭起了秧歌，群情沸腾，场面热烈。兴阳乡（村）刚过门没几天的媳妇儿刘氏女被这热烈的场面所感动和鼓舞，回去动员新婚的丈夫参军，并亲自一路叮咛，送到区政府。

依安区各乡（村）在"保卫家乡，保卫胜利果实"的口号鼓舞下，面向全区内掀起了参军入伍的竞赛高潮。各乡（村）提出的竞赛条件是：1.保证（参军人员）年轻力壮，没有残疾和暗疾。2.保证历史清白，出身纯洁。3.保证自愿参军，不强迫、不抓、不雇、不欺骗。几天之内，全区又动员30余名青壮年参军。各乡（村）长带领群众敲锣打鼓，举旗欢送；区长、区委书记带领自卫队员热情迎接。新兵们披红挂绿，胸佩红花走在欢迎（送）队伍的前面，威风凛凛，场面壮观。从2月中旬到4月中旬，短短两个月的时间，依安全县就动员招收新兵450名，顺利完成了上级交给的光荣任务。

1947年夏初时节，中国人民解放军在全国各个战场变被动为主动，节节胜利，解放战争形势急转直下，向有利于代表劳苦大众的正义发展，整个态势也由被动的战略防御转向主动的战略反攻。

中共东北局于5月5日作出《关于东北目前形势与任务的决议》。号召全党全军和广大民众，积极组织力量，全力准备大反攻，解放全中国，要求前后方齐努力，一切为了前线，一切为了战争。从5月13日起，东北解放军（第四野战军）连续发起攻势，战争迅猛发展，部队伤亡较大，需要及时地补充兵源，任务紧迫且量大。

1947年6月21日，中共北安地委发出《关于加紧扩军的指示》的通知。通知要求所属各县至8月末必须完成扩兵总量9 000人的任务，6月30日，北安地委又根据解放形势发展的需要，发出《关于建设骑兵的决定》。中共依安县委根据北安地委的决定，以县委的名义下发在全县范围内开展《七一至七七为参军运动周的通知》，要求全县各区、乡（村）要大力宣传前方的大好形势，宣传每个战役的胜利，充分利用好召开群众大会、唱歌、小调、秧歌等形式来进行共产党、解放军战斗历史、光荣传统、伟大力量和阶级觉悟方面的教育，进一步提高广大人民群众思想觉悟，积极响应共产党的号召，踊跃参军参战。在中共依安县委、县民主政府的感召下，在全县各区的"参军参战，保卫果实""一人参军，全家光荣"的宣传、竞赛与鼓舞下，全县掀起了一轮又一轮参军参战的高潮。只有10 000多人的三兴区，6天就动员扩兵1个连（100多人）。这个区民主乡（村）青年农民牛传宝，全家4口人，父母年迈，弟弟年幼尚小，不能劳动，但其受前方胜利消息鼓舞，坚决要求参军入伍。而这个区的东安乡（村）两天就有8名青壮年参军。

依安县各区、乡（村）在扩军工作中，注意发挥各级群众组织的作用。全县能超额完成上级交给的扩兵任务，这些群众组织功不可没。当时提出的口号是"儿童团搞好宣传鼓动工作，妇女会保证不扯后腿！"中心区胜利乡（村）妇女主任李老太太听完县、区的参军扩兵动员后，先从自己身边做起，回家动员自己的儿子带头参军打"老蒋"，为老百姓立功。在自身的表率下，李老太太还动员了几个青年与儿子一起入伍。中心区和顺乡（村）农会主任梁子顺，积极动员其姐夫和两个叔伯兄弟参军，在梁子顺的带动下，全乡（村）又有9名青年自愿报名参军。中心区区中队战士邹治国除动员自己的弟弟参军外，还动员了7名青年入伍，据此被依安县民主政府评为"扩兵模范"。

在全县各区、乡（村）掀起扩兵高潮的同时，县警卫团也派出1、2连深入到基层各区、乡（村）开展工作，既帮助农民群众搞好生产，又协助地方动员新兵。警卫团白天和农民挥锄铲地侍弄庄稼，夜晚和群众围炕桌点油灯唠家常。战士们态度和蔼，纪律严明，工作认真，不动群众一针一线，树立了良好的子弟兵形象和正规军人素质，用自身的表现为扩军工作做了最好、最形象的宣传。群众高兴地说："这样的军队招人爱，真是自己的军队，当兵就是要当这样的兵！"

在整个扩兵期间，依安警卫团的干部战士仅在三兴、兴隆两个区就扩兵70多名。其中1连2班战士李殿升一个人通过工作扩兵6名，2班战士张永升扩兵5名，二人被各记一小功，分别评为"扩军模范"，警卫团1连2班被全县评为扩军模范班。

在此期间，依安全县12个区政府遵照县民主政府和驻县警卫团的要求，从扩兵需要的实际出发，纷纷成立扩兵工作组。从1947年6月到8月，短短不到两个月的时间，依安县就完成动员招收新兵1 600余名，然后集结到北安军分区补充到东北野战军的主力部队。这期间，还动员青年120人、马120匹加入骑兵并开始装备训练，顺利完成了北安军分区交给的一个骑兵连建制的序列组建任务。1947年，依安县被黑龙江省政府和省军区及用兵部队评为新兵素质最好的县份之一。

中共东北局于1947年10月15日作出决定，"各省、各军区必须有计划、有组织地组建二线兵团，在后方先进行正规军事训练和政治教育，然后再转送主力部队"。为此，东北局决定，从地方的实际出发，为便于工作计，将原任依安县县委书记曾昭敏调到省军区做巡视工作，负责带领一些工作人员到克山、拜泉一线开展军训，在部队搞立功运动。

1948年初，曾昭敏调回泰安县（1947年10月18日改称泰安县），以泰安县兵源为主，充实克山、拜泉等地新兵，组建新兵团，曾昭敏任兵团政委。主要任务：扩招新兵后，在泰安就地进行突击训练。通过军事训练，如列队、集合、射击、投弹、刺杀、爆破等简单军事技能培训，培养军事素养，提高杀敌本领。利用政治教育，如忆苦思甜，新旧社会对比，激发新战士的阶级仇恨和爱国热情。经过几个月的速成培训后，开赴前线，为解放战争输送新的兵源。

从1948年春天，曾昭敏奉调回泰安组建新兵团到当年7月末，共在依安组建三个新兵团。

1948年2月13日，驻泰安县警卫二团在团长曹庆学、政治委员向军率领下开赴前线，与克山1团、拜泉三团合编为西满军区独立九师。

1948年3月6日，中共泰安县委、县政府根据省委、省军区《关于组织预备兵的指示与计划》的精神，向全县各区发出紧急通知。通知提出"参加预备兵，组织战勤，随叫随到"的口号，规定10日—15日为泰安全县组织预备兵的宣传动员阶段。从16日起，泰安县政府组织医生到各区检查，应征青壮年身体及政审合格者，当场填写预备参军证，发给本人，并从即时起免除一切战勤服务项目和义务，前提条件是贫、雇、中农及没有血仇、没有嫌疑的小富农、小地主子弟。

新兴区新义乡（村）在3月13日开完贫农大会后，立即召开全乡（村）大会，会上就有34名青壮年报名参加预备兵，占全乡（村）总人口的3%。这些即将加入预备兵队伍的青壮年豪迈地说："趁热打到南京，活捉蒋介石。"16日，驻泰安县警卫团7团，在团长黄南星、政治委员曾昭敏率领下开赴前线，补充到东北人民解放军第1纵队（后改为三十八军）。曾昭敏返回泰安县后继续组建新兵团。

4月，中共泰安县委接到黑龙江省军区（队字13号）、（队字14号）命令，全县征召1 500名预备兵，组建二线新兵团，其中750名充实到警卫10团。

5月下旬，东北人民解放军逼近长春试攻，在泰安县组建第3个二线兵团，即独立十三团。经过短期加紧训练后，于7月末，独立十三团在团长张君恒、政治委员曾昭敏率领下，再赴前线，其中两个营调入装甲部队，一个营改建为高射炮团。10月，由泰安、克山、拜泉3个县大队合编为二旅二团，在团长赵大满、政治委员刘克之率领下赶赴前线，装备成重炮团。至此，从1948年5月下旬到年末，泰安县共为东北人民解放军主力部队补充兵源1 131人。

1949年，泰安县为了支援全国解放战争，动员新兵375人。

从1945年末到1949年9月，泰（依）安县人民为包括东北人民解放军在内的主力部队共补充兵源14 000余人。这些从庄稼地里走出去的战士，在其后的岁月中，光荣地参加了四平、辽沈、平津等大型战役，继而又跨过黄河、挥戈长江，直到海南岛，一路身披硝烟，金戈铁马，都留下了他们战斗的足迹。为解放东北和全中国、建设新中国，做出了不可磨灭的贡献。

（二）服务战勤，支援前线，物尽其用

1947年4月3日，为贯彻中共中央"建立巩固的东北根据地"的指示精神，从军事上和政治上粉碎国民党反动派的猖狂进攻，经过四个月的艰苦作战，东北民主联军歼灭了国民党军队大量的有生力量。坚持守住了南满，巩固了北满根据地。至1947年7月15日，夏季攻势结束，"收复城市43座，扩大解放区面积170 000平方公里，解放人口约1 000万"（东北民主联军战报）。同时，东北民主联军也有较大的物资消耗与人员伤亡。为了准备大反

攻，进军关内（山海关），打倒蒋介石，解放全中国，为大军入关储备兵员、物资，积蓄能量，中共中央东北局、东北行政委员会和东北民主联军总司令部联合颁布了《东北解放区人民爱国自卫战争勤务暂行条例》。条例对所用物资、人员、时间和服务种类均作了明确的规定："解放区人民年龄在17—50岁男子，18—45岁妇女及人民所具有运输力的牲畜、车辆、船只均负有战争勤务的义务。"其所从事的勤务种类为"运输、担架、对伤员的招待和看护"。凡解放区内每个合格之男女，均有义务参与支前服务，每人每月服务最多不超过5天，每辆大车等牲畜运具（包括车夫），每月服务时间不超过5天。同月，北安专署、西满第一军区也发出《关于组织大车队、担架队参战》的通令。

中共依安县委（1947年11月15日改称泰安县委）认真贯彻执行这一通令，并提出"参战打老蒋，保卫翻身"的口号。积极组织区、乡农会干部及积极分子学习讨论，然后深入广大群众家中逐家农户宣传动员，开展"民主联军为谁而战？我们为什么参战？"的大讨论。经过细致耐心的思想工作，共产党员、农会干部和积极分子带头报名参加战勤，带动了一批20—40岁、身体健康、吃苦耐劳的青壮农民自觉自愿投向其中。短短8天时间内，全县就动员担架35副，担架队员140名，大车25辆，大车队员50名，马125匹及各种备品、物资若干。

4月11日，这支新成立的依安县支前大车队由县政府派出的一名老干部、两名新干部带领，按时出发，至北安集结待命。

5月21日，北安专署、北安军分区发出《关于动员组织大车队参战》的联合命令。依安县民主政府立即行动，开会落实。4天之内动员大车28辆，马140匹，大车队员56人。为便于协调与指挥计，进退有序，行动统一，依安将支前大车队仿照军事序列编成建制，每5—6辆大车编成一个班级序列，三个班为一个小队，配备了班长和正、副小队长等指挥系统。县政府为即将出征的支前大车队精心准备了7—10天的粮草。每位战勤队员保证1 000元医药费，每辆大车配发2 000元修理费，以备急、难之需。县里还动员其他暂未出战勤的区、乡群众为即将出征的战勤队员们每人解决棉衣一套，皮套袖一副，乌拉一双，毡袜两双，支援战勤大车队于25日整装出发。

由于依安县民主政府在第一批战勤大车队的动员组织工作方面，动员做得早，工作做得细，群众觉悟高，后续的各种支前战勤的征召和组建工作进展也相当顺利。很快就组建了第二批支前担架队。征召担架40副，担架队员150名，由县政府统一派选的富有一定经验和组织能力、熟悉群众工作的16名乡干部带队，于1947年6月12日凌晨出发，开赴前线。出发之前，中共依安县委、县民主政府召开了有3万多人参加的欢送大会，为勇赴前线的担架队员们壮行。

9月18日，依安县组织的支前战勤第三批担架队和大车队同时出发。整个队伍分别由39副担架、156名队员组成的担架队与25辆大车、125匹马、50名队员组成的大车队开赴前线。

10月17日，依安县组织的第四批大车队整装出发，共有大车4辆、马16匹和8名队员组成。

11月15日，秋季攻势结束。中共黑龙江省委、黑龙江省军区为准备部队南下，开展相应的冬季攻势，向全省各县发出联合战勤动员令，号召各县积极组织和动员更多、更好的物资与人力支援前线。为了贯彻上级指示精神，保证战勤质量，中共泰安县委（1947年10月18日经黑龙江省政府照准，依安县改名泰安县）组织强有力的工作队（组）深入全县城乡，边宣传、边动员、边检查，目标到组，责任到人。泰安县第四批担架队组成，包括20副担架，80名队员，19名区、乡干部。其中，中队教导员1名，中队管理员1名，分队长1名（邻县与泰安县合编一个中队）。同日，泰安县支援战勤第五批大车队组成，由10辆大车，5辆新式胶皮车，70匹马，30名队员，6名乡干部编为1个分队3个小队同时出发。

1948年1月24日，中共黑龙江省委、省政府再次下达战勤动员令。泰安县政府动员组建的泰安县第五批担架队由60副担架，360名队员，49名乡干部组成；第六批大车队，由26辆大车，126匹马，52名队员组成。全部战勤队员每人发棉衣一套，棉鞋两双，补充夹鞋1双。2月10日，在全县各界欢送群众的口号与锣鼓声中，战勤队员，斗志昂扬，赶赴战场。

从1947年4月至1948年末，依安（泰安）县共支援前线战勤征召奉命出动担架队5批，计担架194副，民工981人；大车队6批，计大车123辆，马612匹，民工252人。为解放东北全境、进军全国作出了巨大的贡献。

在整个支援前线的战勤服务中，依安（泰安）县组织的战勤服务队，均参照部队之模式进行了规范的建制管理和严格的整训。

依安（泰安）县大车队在蒙、辽、冀三省交界处的王爷府一带执行任务40余天，由于草料严重不足，一度曾出现马匹饿死的现象。随行干部和广大民工积极想办法、出主意日夜轮值，精心饲养，终于将一些濒于死亡的马匹救了过来，为政府减轻了损失，为部队保证了运力。大车队员方有才不怕苦累，不畏严寒，在为前线运送弹药过程中，曾连续8个昼夜没有合眼，最后因体力透支，昏倒在雪地里，他苏醒时脚已冻坏，但他不顾个人安危，挣扎着坚持将一车弹药安全、及时地送到了参战部队的手中。方有才的模范事迹在战勤队员和部队战士中广为流传，为家乡争了光。其模范事迹被黑龙江省政府表彰奖励。

由于依安（泰安）战勤服务队工作到位，表现突出，1947年第二批担架队共评出9名优秀队员；第三、第四批共评出包括孟继曾、戴恩泽等27人（包括大车队）为模范队员。另有6名战勤队员在执行任务中光荣牺牲。依安县（泰安）民主政府大张旗鼓为这些优秀队员和模范召开了庆功大会。一等模范每人奖励乌拉、毡袜各1双，毛衣一件。二等模范奖励毛巾4条，袜子1双，肥皂1块。同时，为在战勤服务中以身殉职、光荣牺牲的6位烈士，召开隆重的追悼大会，全县各机关、学校、企事业单位都送了挽联、挽幛，追念英烈，寄托哀思。

1948年1月15日，为保证后方的军工生产，支援全国解放战争，按照中共黑龙江省委、省政府的指示和部署，泰安县政府向全县各界发出号召和倡议：全县各区、各乡及机关企业单位要积极行动起来，投向支援前线、支援全国解放的运动中来。全县各界随之掀起了捐献热潮，短短一个多月，在2月末之前，就超额完成了上级下达的捐献黄铜40吨、生铁60吨的任务。

随着战事的发展与推进，前方对被服、军鞋等物资需要量也不断增加。3月29日，泰安县政府发出《各区动员妇女每10户做1双军鞋的通知》。严格要求要用最好的质量、最快的时间完成任务。泰安县政府为保证军鞋任务计，又发《通令》，进一步强调各区委要搞好宣传，向广大妇女讲清道理，坚决保证军鞋质量，不得马虎从事。全县各区遂行掀起"为解放战争出力"之赶做军鞋之竞赛热潮。4月末，超额完成了3 800余双军鞋的任务。

1948年2月，泰安（1947年10月18日，经黑龙江省政府照准依安县更名为泰安县）县政府组织的第五批担架队与第六批大车队同时出发。集结后统一合编为黑龙江省第二担架大队3中队，驻地吉林三江口一带。泰安县保安大队副大队长吴焕忠被黑龙江省政府和省军区任命为黑龙江省第二担架大队副大队长。3月

9日，吴焕忠被东北民主联军西线司令部选派到所属六纵执行任务。战勤队员们自觉向部队战士学习，严格遵守三大纪律八项注意，行军不踩麦苗，宿营不拿群众一针一线。在伊通担架队休整时，抓紧时间帮助当地农民搞春耕；在长春围攻战中和解放军一样，为救济贫苦群众每人每天从自己的口中节省出2两粮食。另外，还与解放军一道对国民党反动派开展政治攻势，在端午节组织到街头为群众演出自编的小剧目。鉴于担架二大队之表现突出，东北人民解放军（1948年1月东北民主联军改称东北人民解放军）第六纵队奖给写有"无尚光荣"的锦旗一面。

泰安大车队声名远播，不但运输任务完成得好，与兵站及当地群众的关系也处得亲密无间，十分融洽。8月21日，泰安大车队圆满完成支前任务胜利归来。在执行这次战勤任务中，队员张景全立大功一次，队员于万友立小功一次，队员薛永昌被评为优秀队员。东北人民解放军西线兵站奖给泰安大车队美式步枪1支、子弹40发。黑龙江省第二大车队（泰安）在全西线战场7个黑龙江省民工队中荣获唯一的由西线后勤部、政治部共同颁发的"战勤模范"锦旗一面，并受到黑龙江省委、省政府、黑龙江省军区嘉奖。

8月23日，中共泰安县委、泰安县政府为胜利归来的担架队、大车队召开隆重的庆功会。在会上授予张景全、于万有等为支前战勤"模范大车队员"和"模范担架队员"。

1948年8月20日，中共黑龙江省委、省政府联合发出征收军用冬菜的通知，要求每个翻身农民为前线晒干菜1斤。11月末，泰安全县完成了晒制干菜90余吨的任务，同时，还为前线将士筹集大量的猪、鸡、日用品及15亿元（东北解放区钱币，以"万"为单位，一万约等于现在的人民币1元）的冬鞋代金（按上级指示，由城镇企业及富裕商户等捐献）。

在此期间，中共泰安县委、县政府还根据中共黑龙江省委、省政府下达的征集公粮2 9828万公斤，公草28万公斤（折粮19万公斤）的任务，例行征缴，按时按量并超额完成了公粮303万公斤，公草150万公斤。

（三）拥军优属，拥政爱民

1946年5月2日，黑龙江省政府成立拥军动员委员会并做出决定，指示各级政府发动全省人民群众慰劳军队。

1946年5月4日，依安县政府成立援军动员委员会，发动全县人民踊跃捐款捐物，开展慰劳解放军运动。

1947年元旦，依安县政府组织全县各界代表50余人组成慰问团，携带慰问品，前往泰安县伤兵医院（西大营）慰问解放军伤病员。每个伤病员慰劳猪肉2斤、羊肉6斤、鸡1只、糕点2斤、糖果1斤。其后，慰问团代表又慰问了县警卫团官兵，送去肥猪5头、羊5只、鸡30只、纸烟793盒、现款3万余元。

5月22日，依安县参议会发出《为组织拥军动员委员会并实施拥军工作的通知》。要求各区立即成立拥军委员会，各乡、屯要设有委员。动员全县人民响应黑龙江省临时参议会号召，迅速在全县掀起拥军热潮。到6月中旬，全县共筹集捐款60余万元，鸡蛋数千枚及大量其他生活用品。随之县内各界派代表百余人，到第四病院慰问伤病员，并与轻伤员们召开联欢会，有学生代表为伤病员们献演了丰富多彩的文艺节目。

11月初，遵照中共黑龙江省委、省政府、省军区的指示，泰安县（1947年10月18日更名）政府在泰安火车站建立伤病员接待站，由县政府直接领导，派1名干部驻车站具体负责。伤病员接待站内设有医疗、担架、茶饭、慰问4个小组，有条不紊，各行其职，分别负责过往伤病员的慰问、补给等事宜。

1948年1月，遵照黑龙江省委、省政府、省军区的指示精神，中共泰安县委、县政府发出在农历春节期间广泛开展拥军优属活动的通知。全县党政群派代表联合各界群众组成慰问团，携带演出队、秧歌队前往部队驻地和伤兵医院慰问、演出。泰安县内的伤兵医院每个伤病员荣军部都给予了毛巾、日用品、纸烟等慰问品。全县集中捐献的肥猪66头及大量慰问品、慰问信等随支前车队运往前线，慰劳前方浴血奋战的东北解放军将士。

10月3日，中共黑龙江省委基于战事发展的需要和前方的要求，发出《紧急动员支前指示》。中共泰安县委、县政府决定，筹集资金、选派人力，帮助修复伤病员医院（西大营）房屋，协助已受命开赴前线的东北解放军独立十三团留守人员处理遗留事宜，发动全县各界群众为前线子弟兵书写慰问信3 000余封。

11月2日，东北野战军解放沈阳、营口，歼灭国民党东北"剿匪"总司令部，历时47天的辽沈战役胜利结束。共歼敌470 000余人，东北全境解放。泰安大地一片欢腾，到处欢庆胜利。泰安县委、县政府及时与有关部门组织群众将前方传来的泰安籍战士的立功喜报驰送军属之光荣之家，又动员军属给前方丈夫、儿子、兄弟等亲人写信，报告翻身解放后家乡生产、生活情况及后方政府对军属之优待、优抚及庆功运动之热烈开展情况，鼓励亲人打消顾虑、一心杀敌，"打到南京去，活捉蒋介石，解放全中国"。

1948年农历春节期间，中共泰安县委、县政府在全县开展了拥军优属活动。县内每个军烈属家及荣属都分到了等值东北流通券6 000元的猪肉、蔬菜、米面等慰问品。泰安县所属12个区政府及工会、农会与各群众团体组成联合慰问团，带领秧歌队、小剧团向军烈属们拜年。各级政府还通过访贫问苦、走访军烈属、召开军烈属座谈会、举办庆功会等多种形式，向军烈属及广大群众畅谈和宣传解放战争的顺利进展、国际国内的大好形势，勉励广大军烈属们努力劳动、发展生产、发家致富。

1948年3月27日，泰安县政府发出《为解决军属困难，迅速组织成立互助代耕的通知》。要求全县各区、乡（村）立即制订计划，积极组织人力、物力，成立代耕队，切实解决军烈属生产、生活的实际困难。9月16日，泰安县政府再次发出《关于帮助军属秋收与解决军属生产生活困难的通知》。要求各区、乡（村）政府，安排好军属与在前方服务的民工家属的秋收，保证按时收割、抢运，颗粒归仓。并积极组织军烈属们进行各个季节的副业生产，勉励军烈属们开展劳动竞赛，争当生产模范，为前方的亲人争光。

1949年1月19日，泰安县政府发出《为春节拥军庆功优属运动》的通知，号召全县人民紧急动员起来，开展拥军优属活动。县城关区组织各机关、公营商业及居民踊跃捐款捐物，钱不计多少，物不计大小。各界群众积极响应。共捐款合计东北流通券800万元，肥猪25头（每头均在150斤以上），每个荣军（荣誉军人的简称，时谓）得到5万余元的慰问品，复员军人除家属按军属慰劳外，每人增加3斤猪肉。农历腊月二十八，县内各机关、学校及工商各界群众团体组成联合慰问团，先行慰问黑龙江省军区所属驻县部队四团、十二团指战员、伤兵第七医院第三所及泰安县医务所的全体伤病员。农历正月大年初二，泰安县政府组织县内所有秧歌队前往上述医疗单位、部队营房拜年，鞭炮震耳，喜气盈街，泰安县拥军运动再掀高潮。

为提振士气，激励泰安籍战士安心在部队服役，奋勇杀敌，中共泰安县委、县政府，十分重视后方之优属工作。除了按时岁供发放优待军属之粮、物、款外，每年还为缺少劳力甚至无劳力之荣军家属解决农业生产之亟须，春夏秋冬，代耕代种；风霜雨雪，嘘寒问暖，及时解决贫苦军属面临的困难与问题，帮助其安家立业。

1949年，泰安县政府号召全县人民春节开展庆功优属活动。除了在物资上给予每户军烈属猪肉、面粉外，全县还组织各区、乡（村）长率领群众，敲锣打鼓为军烈属送光荣匾。全县各乡（村）都开了庆功会，为功臣家属献光荣花。1949年3月，中共泰安县委、县政府召开了有全县各区委书记、区长参加的联席会，贯彻落实好对缺少劳力或无力耕种的军烈属的"包耕制"（从春种到秋收一包到底）。联席会决定，本着"先前方，后后方，后地方，先军属，后工属"的精神落实包工原则。据统计，1949年，全县共有军烈属13 926户（包括民工家属），只有3 200余户接受代耕或助耕，其中代耕2 892户。

1949年6月5日，中共泰安县委、县政府召开全县干部大会。中共泰安县委常委、县长王英樵发表讲话，总结了全县优属代耕工作的经验教训，要求全县党员、干部及劳动模范应带头优属，把代耕列入评比模范乡（村）、屯、组及个人劳模的主要条件。会上还对全县在代耕工作中的优秀典型新发区各乡（村）的代耕小组订立代耕公约、开展代耕竞赛的经验进行了介绍与交流。

会后，全县掀起了新的一轮代耕生产高潮。县、区政府严格把关，各乡（村）工作抢前抓早，精耕细作，每块地都达到了"三铲三趟"。秋收之后，代耕的土地产量普遍增加。中心区兴安乡（村）军属高左臣代耕的30亩玉米地，收获玉米5 675公斤，平均每亩189公斤；15亩谷子地收获谷子1 425公斤，平均亩产95公斤。丰收之后，各区还组织开展了为无劳力军属"扒炕抹墙"及"拾粪积肥"活动。三兴区胜利乡（村）为军属代耕地积肥达60%，新兴区为军属打柴火1 679 000万捆，双阳区为军属扒炕107铺，抹房屋117间，修仓房100多个。

1947年10月，据黑嫩省政府的指示，泰安县政府为接收、安置夏季攻势中负伤的荣誉军人，积极做好了思想、组织及物资方面的各项准备。11月16日，泰安县政府转发中共中央东北局、东北行政委员会和东北联军总政治部联合发出的《关于处理荣誉军人的决定》。接收荣军104人，发放残疾金3 467 000元。

1948年1月3日，泰安县政府发出《关于安置荣誉军人的问题》的通知，要求把治疗公务员、安置残疾人当成战争任务来完成，不打折扣。通知还对荣誉军人的工作分配、休养待遇和安家标准作了明确、具体的规定。1月8日，泰安县政府向黑嫩省政府呈请1947年阵亡烈士家属抚恤粮，并于春节前发放给烈属以备过年。

5月13日，泰安县政府根据黑嫩省政府《为荣誉军人处理由的训令》精神，作出对身体已康复、适于回到前方的荣誉军人，要求必须回前方；伤残较轻能参加工作的，要安排适当的工作；伤残严重，不能参加工作，劝其去乡村安家立业；当地荣军尽量复员，关内的荣誉军人尽量不复员的规定。

9月30日，中共泰安县委、泰安县政府及县保安大队根据中共黑嫩省委、黑嫩省政府及省军区《关于处理荣军、慢性病军人联合决定》的精神，对全县荣军进行妥善处理。

截至1949年，泰安县全县共接收荣、慢复员军人1 638人。其中，荣军245人，病员503人，精简890人。安排工作135人，其中，荣军104人，病员31人。

因为县工委和民主政府的积极工作、全县人民的大力支持、踊跃参与，依安的参军、支前等工作开展得轰轰烈烈，依安人民将大量的物资和人力，投入到解放全中国的滚滚洪流之中，为新中国的成立不惜鲜血和生命，付出了巨大的牺牲与贡献。

第七章　土地改革，发展生产

第一节　波澜壮阔的土地改革

　　土地改革运动，可以说是翻身做主的劳苦大众对中国几千年封建社会极不合理土地制度的一次完全革命，是社会形态与生产方式的一次递进与嬗变。初步实现了"平均地权"之理想主义想做而没有达到的目标，是"耕者有其田"从理论到实践的一次了不起的飞跃。

　　依安县的土地改革运动，按照中共中央《关于土地问题的指示》（简称《五四指示》，下同）和《中国土地法大纲》的规定精神，从1946年开始至1948年3月胜利结束，共历时21个月，期间经历了清算分地斗争、煮"夹生饭""砍挖"运动和平分土地四个阶段，在广袤的大地上掀起了一场彪炳千秋的暴风骤雨。为发展生产、恢复经济，支援解放战争，建立新中国打下了鲜明的阶级烙印，奠定了牢固的经济基础。

　　（一）深入发动群众，清算恶霸地主

　　1946年1月1日，依安解放。从尚未散尽的硝烟中走来的中共依安县工委，按照省工委的指示，积极组织起武装工作队深入农村发动群众，开展以反奸除霸为目标的清算和减租减息及没收与分配日伪土地的斗争。首先，将日本开拓团野蛮霸占的土地分给

111

了无地或少地的农民，并在部分区、乡（村）开始尝试进行减租减息工作的先期试点。

5月4日，中共中央发出《关于土地问题的指示》。5月30日—6月4日，中共黑龙江省工委在北安市召开了全省县委书记、县长联席会议，提出"把清算的方向和内容与解决土地问题结合起来，用清算的方法达到土地还家的目的"。此次会议决定立即在全省开展清算斗争。

为贯彻中共中央《五四指示》和省工委联席会议精神，中共依安县工委于1946年6月上旬召开会议，决定由县工委常委、县长许英年领导主持县里常务工作并兼顾河北片（因乌裕尔河穿县而过，河之北部地区谓之河北片），为便于联系和开展工作，将全县12个区划分三个片：双阳、宝泉、中心、新发为一片；依安（今依龙）、富饶、三兴、新兴为一片；通宽、泰东、泰富、城关为一片。每片由县主要领导带领"土改"工作队，依靠区、乡（村）农会和"土改"积极分子，逐区、逐乡（村）开展工作。其实，早在1946年4月间，县民主政府就组织相关部门和人员在全县普遍开展了"减租减息"大宣传，并先期在部分区、乡（村）实行了"二五"减租，即按原定租粮减交25%。由于减租减息工作做得早，落得实，宣传到位，所以，在减租减息基础上进行的以反奸除霸为中心的清算斗争，工作起来就有条不紊，比较顺利。

整个清算斗争共分三个步骤进行。第一步，"土改"工作队进村，贴近群众，实行"三同"，即与当地农民同吃、同住、同劳动。通过"拉家常，算细账"的方式，了解情况，掌握动态，然后个别酝酿，从中培养和发展积极分子。第二步，组织群众，讨论和研究清算方法，在此基础上，召开斗争会。第三步，组成清算委员会，分配清算出来的胜利果实。

7月，黑龙江省政府选派部分军政学校学员来依安县参加"土改"。由于队伍壮大，力量增强，中共依安县工委又决定开辟依安、宝泉、百川（今中心镇）三个"土改"工作区。

8月，为进一步加强依安县的清算分地斗争的领导力量，中共黑龙江省工委派黑龙江省军区政治部主任林一心、省军区军政干校文教大队长徐泉带领60余人来依安参加"土改"工作。据此，依安县工委重新调配力量，又开辟三兴、泰东等区"土改"。清算斗争很快就在依安全县铺开。

"土改"工作队发动群众"放下包袱，打消顾虑""有仇报仇，有冤报冤"，揭发恶霸地主剥削与奴役劳苦民众的罪行。在具体清算过程中，重点斗争对象为汉奸、特务、伪满街长、屯长及罪恶大、民愤大的地主和富农等。广大农民激情高涨，在斗争中提出了"反奸清算""打倒恶霸地主""打倒土豪劣绅"等口号。"土改"工作队适时发动和开展"诉苦运动"。通过和苦大仇深的农民群众交朋友，向其阐明政策亮"实底"来充分发动群众，提高阶级觉悟。在斗争会上，引导和启发受迫害、受盘剥的农民，诉阶级苦、算剥削账、报血泪仇，向地主恶霸讨还血债。通宽区通宽乡（村）通过"算账""诉苦"群情激愤，当场揪斗并处决大汉奸"中和涌"烧锅（酿酒厂）经理张继堂。通宽区兴堡乡（村）斗争和清算大地主王忠山(衷心)（绰号：王大牛）的恶行。王忠山（衷心）利用其儿子（长子王荣当过齐齐哈尔军官团团副、木兰县警务科长，次子王尧为吉林大赉县街长）、女婿（大女婿许平当过国民党营长、六女婿张文铸是伪满侍从武官长）在伪满中的势力，巧取豪夺，霸占良田千垧(15 000亩)，并在家中私立公堂、残害百姓、无恶不作。依安解放后，王忠山虽已死掉，群众惧其家族势力，仍不敢讲他一句不是。工作队采取内外夹攻的方法，依靠当地积极分子和外屯骨干力量，一举摧毁了这个"封建堡垒"，应广大群众的强烈要求，工作队队伍四个屯在兴堡乡（村）召开了群众联合斗争会。会上有40余名群众发言，控诉"王大牛"的罪行。共清算没收其土地16 710亩，房子104间。宝泉区召开群众大会，清算并枪毙了恶霸地主王振河（人送外号"王三五"）和他的汉奸儿子王显春。泰东区13个乡（村）有11 000人参加运动，共清算出地主土地84 300亩，房屋848间，马、牛等农用大牲畜236匹（头）。

清算分地标准按广大贫、雇农家庭的实际情况划分为四个等级。第一等：贫苦农民，军人家属，鳏寡孤独，老弱残疾，贫苦"土改"积极分子。第二等：无地少地的雇农。第三等：有马或有房无地的贫佃农或土地不够的农民。第四等：中佃农及富佃农。清算分配是采取先分地后分房，再按离房屋远近分地的方式进行，即"青苗跟地走，地跟房走，马跟地走，犁套农具跟马走"的办法分配果实。

整个清算分地过程，是在共产党和民主政府的领导下，同"土改"工作队直接参与。通过发动群众、反奸除霸，培养了一大批出身好、觉悟高、能力强的农民积极分子，并充分利用群众工作这个优势，各区普遍建立起代表广大雇农、贫农和中农利益的群众组织，即农民联合会（简称"农会"）及群众武装组织自卫队。起到了保卫果实、维持治安和稳定乡村政权的作用。翻了身的农民在中国共产党的领导下，分得了胜利果实，掌握了枪杆子、印把子，再也不受封建地主阶级及反动势力的压榨和剥削了。

依安县的土地改革清算斗争至1947年年底基本结束。

（二）全面搞复查，消灭"夹生饭"

1946年10月31日，中共黑龙江省工委针对克山县北兴区"土改"运动中存在的问题，向全省发出《关于深入发动群众问题给各地党委的信》。提出发动群众中存在"夹生饭"的问题。主要表现是群众发动得"不够、不深、不透"，纠正出现的"假分田"和"明分暗不分"现象，解除群众怕"变天"思想，坚决改变"夹生饭"状况。

11月21日，中共中央东北局发出《关于解决土改运动中"半生不熟"的问题》，黑龙江省工委为贯彻上级指示，于1946年年末在克山县召开了全省县委书记会议。会后，中共依安县委（1946年8月改称依安县委）对全县的"土改"工作进行认真的反思和研究，分析了全县"土改"工作中存在的"夹生"现象。一是地主恶霸的威风没有完全打掉。虽然被清算了，但仍沿用各种办法程度不同地继续统治农民，或收买"土改"积极分子，或指使"狗腿子"操纵农会，或渗透民兵等基层组织。二是在清算分地斗争中群众没有真正发动起来，出现了"斗地不斗人、斗小不斗大、明分暗不分"等问题。三是没有真正地建立起一支纯洁、敢斗的积极分子队伍。存在着个别积极分子作风不正派，甚至出现地主"狗腿子"篡夺运动领导权的恶劣现象和被动局面。县工委决定以双阳、依安、三兴、通宽四个区为"煮夹生饭"试点区，由县委委员带队开展"煮夹生饭"工作。

1947年1月20日，县委委员、县建联会主任郭文仲带队在双阳区东文乡（村）、西进乡（村）先行改造"夹生饭"，提出"彻底斗倒封建大树，挖树根；彻底分地，一切到手；消灭'夹生饭'"口号。双阳区西进乡（村）大地主王钟秀（原道德会长、家理教头子、国民党区党部委员、大德泉烧锅财东），在清算斗争中，只没收了烧锅（酿酒厂），分了土地，撵出住院，而其他细软浮财，却丝毫未动，没有伤筋动骨，封建势力未垮。在"煮夹生饭"中，工作队放手发动群众，又在其家深挖出各色布匹绢帛210余尺，衣服780余件，被褥60余床，粮食17 500公斤70余石。

在煮"夹生饭"中，还结合斗争开展了"挖坏根"运动。双阳区双阳街通过"挖坏根"，挖出并枪决了民愤极大的伪满县教育局局长胡方武（国民党员）。三兴区挖出有土匪劣迹的41人，其中"报字"（胡匪头目根据自身的特征、爱好、个性甚至目标而起的一个名号）的28人。

5月29日，中共依安县委召开群众工作会议。会上学习了克山、拜泉等邻县煮"夹生饭"之工作经验，总结了全县前一阶段工作，决定进一步放手发动群众，把煮"夹生饭"运动走向深入。会议强调要抓好三个环节：一是找正根，斗地主，要轰开局面；二是挖坏根、臭根，建立基本群众优势；三是好人上台建立农会，分配果实，调整土地。在工作方法上，会议提出，一要放手发动群众，二要建立一定的会议与汇报制度，三要培训干部。要求各区利用1—2个月的时间，训练出能独当一面的得力干部30人，以便能更快、更好地使运动顺利开展下去。同时，县工委组织人力深入中心区蹲点，开展调查研究，深入分析群众没能真正翻身的具体原因，掌握运动"夹生"的特点，研究解决办法。县工委副书记姚少诗在深入调研的过程中，系统总结了中心区深入实际、发动群众、认真做好群众思想酝酿工作的有效做法，摸索出用"算细账"的方式来发动群众，以此推进煮"夹生饭"的具体经验。这种"算细账"的方式简明易懂、群众容易接受。解决了过去只靠工作队斗地主，而群众却不了解为什么要斗地主？不了解土地、财富还家的合理性与必要性。县工委肯定和推广了中心区的工作经验。通过推广中心经验"算细账"，全县各区掀起了向中心区学习、向中心区看齐的活动。结合"挖臭根"，建立和整顿农会，选举了好人、能人、信得过的人来掌权掌印，从而让分配胜利果实工作落得更实，做得更细，分配得更公平、更合理。

5月末，全县有97个乡（村）开展了煮"夹生饭"工作，新清算出地主隐藏的土地9 185垧，房屋1 456间，大牲畜815头（匹），大车127辆，肥猪535头，粮食23 730石，衣服7 691件（套），布匹11 534尺，黄金2钱，白银98两。还起出大枪（步枪）89支，手枪17支，土炮229门，各式子弹15 235发。

1947年6月19日，中共依安县委召开区干部、工作队党员会议。会议总结了工作，研究了全面消灭"夹生饭"及支前等事项，决定对已经完成煮"夹生饭"工作的四个区进行复查并限期一个月内搞完。县工委领导又重新进行了分工。县委书记曾昭敏负责全面工作，副书记孙冰水、委员郭文仲（民运部长）负责双阳区，县长许英年兼顾通宽区。

1947年11月末，依安全县的煮"夹生饭"运动胜利结束。

（三）"砍大树，挖财宝"，掀高潮

1947年7月25日，中共中央东北局发出《关于挖财宝的指示》。9月9日，又发出《关于群众工作给肇东县委的信》，强调在"土改"工作中，必须把挖财宝与煮"夹生饭"有机结合起来。

12月25日，中共泰安县委在依安区（今依龙镇）召开全县工作队员大会，贯彻《中国土地法大纲》和黑龙江省委指示。会议确定了"土改"运动"大放手"的方针，提出"取消工作队""干部交权""一切权力交给贫雇农"的口号。即日起，全县"土改"工作开始转段，从煮"夹生饭"基础上转入"砍挖"运动阶段。"砍挖"运动也叫"砍倒大树（指斗倒地主恶霸），挖财宝"运动，即所谓"四十天大运动"。

12月27日—28日，中共泰安县委召开县、区委联席会议，检讨近一个月的运动情况。会议作出决定：撤销工作队，在全县交权，完全依靠贫雇农阶级开展运动，走贫雇农大会的领导路线。会后，全县各区分别召开贫雇农大会，向贫雇农交权。各乡

（村）都由贫雇农自己选出委员会和头行人，贫雇农自己掌握土地改革大权。全县很快形成了轰轰烈烈的群众运动，掀起了"土改"高潮（群众称之为"大运动"）。全县除城关、泰富两个区外，其余10个区进行"砍挖"大运动。双阳区召开了有20 000多人参加的贫雇农大会，宣布工作队撤走，全部交权。12个乡（村）全部进行大运动，开展"斗（地主）、扫（封建）、封（工商户）"。仅4天，双阳区就斗、扫、封400余家。一时间，地主搬出大院，贫雇农住进大院，人民群众欢天喜地，拍手称快，敲起锣鼓唱起歌，高呼"中国共产党万岁"。广大翻身农民白天出去车马、爬犁、起浮财、挖财宝、扫封建，晚间斗地主、搬"石头"（指包庇地主、压迫百姓的坏干部、屯大爷、狗腿子、"两面光"）。群众斗争日益高涨，积极分子队伍不断壮大。一面斗地主，一面防奸反特，警惕敌人破坏。为了彻底消灭封建，打掉地主威风，群众还自创了"扫堂子"（几个乡的贫雇农联合起来斗争有牵连的地主或工商户）、"串烟"（打开乡与乡之间界限，互相起浮财、挖财宝，易乡而斗）等方式方法。三兴区南5个乡工作队撤走后，自己召开联合大会，当众处决11名罪犯，当场再斗、再挖，其他各区、乡（村）也大都如此。

（四）划定成分，平分土地，"耕者有其田"

1947年10月10日，中共中央颁布《中国土地法大纲》。同年11月，中共中央东北局在哈尔滨召开北满省委书记联席会议，提出"打倒地主平分土地"的口号。中共泰安县委为贯彻中共中央和省委会议精神，于1947年年末，在县、区机关和"土改"工作队中整编队伍，开展清查工作。整编中以学习《中国土地法大纲》为指导，开展诉苦、挖糊涂、算细账等工作，然后划阶级、定成分，认清敌我友；采取个人反省、穷追细钻的方法，肃清"防空洞"（个人检查，大家追根问底）。依安区在整编中，清除伪装中农混入中队的地主分子1名，开除地主子弟2名，揭发中队副利用职权隐瞒地主出身的亲属、把区中队当成地主的防空洞等问题。整编后，县委对县、区的老干部和"土改"工作队员提出明确要求，重新制定了纪律。通过整编，纯洁了县、区"土改"工作队伍，增强了斗志，为全县深入开展平分土地运动做好了组织上的充分准备。

1948年2月20日，中共泰安县委召开乌裕尔河以南的8个区委联席会议，确定以分地为主，结合划阶级成分。22日，县委下发了《对下一步分地运动的指示》，强调各级领导要做到"五转变"：一是由以对外斗封建、挖财宝为主，转为以内部分地运动为主。二是由强调贫雇农自己"造"起来，转为重视共产党的领导（仍然以贫雇农大会路线为主，共产党要出主意）。三是由打垮封建，转为解决贫雇农阶级优势。四是由前一段大发动、不怕阶级队伍中的坏人，转为分浮财、分土地及为好人撑腰为主。五是由满足了贫雇农要求而拓宽了打击面，转为适当缩小打击面，对斗错了的贫雇农、中农要给予补偿。嗣后进行的平分土地运动，在中共泰安县委的直接领导下，按省委要求，重新进行了部署。

首先，按阶级站队。划出贫雇农、中农、一般富农小地主、恶霸富农大地主四个圈（层次）。对没有土地、牲畜、农具，完全依靠自己出卖劳动力为生的人（户），定为雇农；占有少量土地、农具等生产资料，依靠自己劳动同时又出卖部分劳动力的人（户），定为贫农；对占有土地、耕畜、农具，自己劳动，不剥削其他农民或只有轻微剥削的人（户），定为中农；对占有多量土地、耕畜、农具，自己参加主要劳动，同时有剥削农民雇佣劳动行为的人（户）定为富农；占有大量土地，自己完全不劳动，专靠剥削农民地租或兼放高利贷而不劳而获的人

（户），定为地主。

其次，分别进行思想站队排号，提倡"比苦比心比人品，随心如意可心地"（苦，指勤劳刻苦、受剥削；心，指对革命态度，参军、援军、战勤、交公粮及对地主监视等；人品，为人实在、处事公正），然后召开区、乡（村）、屯及家庭会议，反复酝酿，经乡（村）、屯站队排号，再由个人讲、群众评，把土地分配落实到具体人。

各区、乡（村）在分地过程中，普遍注意优先军烈属和贫雇农。在质量上，军烈属和贫雇农排好地，恶霸地主和富农分次地，中农采取自愿，一般以土地不动为原则。在数量上，中农不低于原有数；一般富农和小地主略少于平均数；恶霸地主和富农让其自食其力，土地数量和质量均低于贫雇农。

在平分土地过程中，还考虑到方便插犋等生产资料因素，结合分牲畜、农具等合理调配生产要素，为大生产做好物资上的准备。同时，对已经在清算斗争和"夹生饭"中划出阶级成分的，要依据《怎样划分农村阶级》和有关规定在平分土地时进行复查，及时纠正"打击面过宽"的问题，对运动中斗错的贫雇农、中农、富裕中农要甄别划回。经过群众审查，这部分人可以参加农会，对斗争中所蒙受的损失也予以相应的经济补偿。

土地改革运动结束后，中共泰安县委、县政府按上级要求，对平分后的全部土地进行丈量、登记、发放土地执照。1948年10月20日，全县土地丈量、登记、发照工作胜利结束。全县共平分土地1 801 045亩，房屋15 414间，大牲畜8 482匹（头），农具15 129件（套），大车1 712辆，衣服133 619件，黄金400余两，白银900余斤。

广大农民领取执照、土地还家，使土地所有权以人民政府法律的形式固定下来，农民真正翻了身、放了心、托了底。土地改革运动取得了巨大的成功和辉煌的成果。彻底摧毁了压迫中国农民几千年的封建枷锁，消灭了人剥削人的万恶制度，农村生产关系发生了根本的变化，极大地解放了生产力。农民有了土地、房屋、牛马、农具，激发出前所未有的生产积极性。运动中，还培养和锻炼了大批干部，使新生的民主政权增添了活力能量，输送了新鲜血液，得到了进一步的巩固，为发展生产、支援国家建设和全国解放战争打下了坚实、牢固的基础。

（五）复查纠偏，巩固成果

全县"土改"中存在的主要问题：一是侵犯中农利益。依靠贫雇农，团结中农是"土改"运动中必须把握的原则。但有些区、乡（村）过于片面强调"满足贫雇农要求"，出现了侵犯中农利益的过火现象。二是侵犯工商业者的利益。《中国土地法大纲》中明确规定"保护工商业者的财产及其合法的营业不受破坏"，但在运动中却出现了"土改"积极分子领着群众，套着大车上街、进城，带着地主以起私藏财物为由，用"贴膏药"的方式侵占一些私营工商业者的一部或大部财物。泰安街受冲击的商铺有704家，其中有183家被迫休业，另有1 754个小摊床不敢上市。三是死人较多。广大农民过去受剥削、被压迫，在土地改革运动中有报仇雪恨的思想，以至于运动中，光依靠贫雇农作领导，一度强调"大放手""干部交权"，放松甚至放弃了共产党对运动的直接领导，致使"抓、押、打"现象较为普遍，未经公审枪毙、打死人现象较多。在"挖臭根""搬石头"中，使部分干部受到不公正对待甚至伤害，也出现了好人被无辜打死的惨痛事件。四是"土改"运动与发展生产结合不够。由于过分强调运动，注重斗争，相比之下放松了组织生产，以至于牲畜管理不善，全县死掉大牲畜4 000余头（匹），造成了几十万公斤粮食的损失。

中共泰安县委发现并总结了问题后，及时检讨了错误，并迅速作出了纠偏决定。在全县范围内共扶起（纠偏）被错斗中农3 093户，18 924人，并通过偿还、贷款、借粮等方式解决了这些中农生产、生活中的实际困难。1948年1月12日，泰安县政府发出布告，在泰安街成立工商业调处委员会，纠正侵犯工商业者利益的问题，对已受侵犯或冲击的工商业者，予以经济上的补偿。

第二节　开展"大生产"运动

1947年初，中共依安县委根据中共中央东北局和省委《关于开展农业生产运动的指示》，本着"一手抓土改、一手抓生产"的精神，让土地改革与农业生产紧密结合，相得益彰。建立了以中共依安县委书记曾昭敏、县长许英年为领导的生产委员会，全县各区、乡（村）也建立了以主要领导为统领的生产委员会。

（一）自力更生，生产自救

从1945年至1947年，依安县连续三年遭受自然灾害。1945年先旱后涝，1946年秋涝，1947年春旱秋涝加冰雹。连续三年的秋涝让依安大部地区几成泽国，受灾严重，有些地方土地撂荒，口粮不继。1947年春节后，由县主要领导带队，组织县大生产工作队深入各区、乡（村）组织生产，把解决农民春耕生产中缺种子、缺口粮、缺牲畜、缺草料的燃眉之急，作为发展农业大生产工作的重中之重，深入发动群众，自力更生，开展自助自救，渡过灾荒。一方面，通过副业生产，增加收入来换粮换钱。组织农民上甸子打草、熬碱、渔猎，组织家庭妇女编席、纺织、农副加工，安排村里青壮年拴套拉脚、上山务工，等等。号召和组织广大农民互济互助、互通有无，互相调剂，春借秋还。仅仅1948

年，全县副业收入就达19 025 211元，折合粮食189 251石。其中妇女参加21 166人，编织草帽、草鞋、席芨及编筐卧篓等，还晾晒干菜7 400公斤。

另一方面，政府重点救济。1948年2月9日，泰安县（1947年10月依安更名为泰安）政府召开全县各区区长、区农会主任、区自卫队长40余人参加的联席会议，研究在全县范围内统一调配春耕生产亟须的物资、资金问题。会议研究决定将上级拨给的500万元贷款，二分之一以现金的形式拨给各区，用以为农民购买种子，其余二分之一由县里集中使用，统一购买马匹，分给缺少大牲畜的部分区、乡（村）。县政府还决定从储备的公粮中拨出1 700 000公斤小麦来解决麦种，将没收伪满兴农合作社1.22万张铁铧（犁）发给农民，并发动县城现有的两家铧炉工厂开足马力、加班加点，夜以继日赶制铁铧，以解农具不足之虞。县里还贷给农民口粮15万公斤，发放救济口粮8.6万公斤，马料15万公斤，饲草8.3万公斤。

由于中共泰安县委、县政府未雨绸缪，采取了积极的生产自救措施，动手早，办法实，广大群众的情绪稳定，生活有序，生产劲足，当年就获得了较好的收成。1948年，在种好原有耕地的基础上，还开垦荒地5万亩，全县粮食产量除小麦以外，共计收获粮食12 200万公斤，不仅自给自足，还有余粮上缴了政府，支援了前线。

（二）组织互助，团结合作

1947年2月25日，东北行政委员会发出《关于开展农村生产运动的指示》，中共依安县委和县政府根据上级精神，结合本县实际，领导广大农民"组织起来"，发展生产互助合作运动，连续三年组织农民互助合作，到1948年，全县共成立生产互助组5 879个。按性质可分为季节互助组、临时互助组和常年互助组。季节互助组，是每年按春耕、夏锄、秋收等主要农事季节在一起合作劳动，农闲时解散。临时互助组，是不按季节，时合时分，人换工，畜插犋，有事就合，无事则分。常年互助组，相对规范，有组长、有计划、有分工，常年不散。互助组的成立，第一，坚持"自愿、两利（等价交换）"的原则是组织农民互助合作的前提。第二，推行"等价两利、合理换工"的方式，是坚持与巩固互助合作小组的基础。全县先后建立了"记工、人马换工、定期结账、耕作顺序、吃饭、喂马"等项制度和方法。县委集思广益，于1948年5月2日，总结推广了县委副书记郭文仲在中心区兴安乡试点《关于生产小组组织的换工、记账、吃饭等问题的调查与意见》之经验。具体做法：

人工换人工 互助组之组长掌握和安排用工。对谁家用工，用什么工，长工、短工还是换工及如何抹工（互相换工抵消），组长心中有数，有计划用工、换工。其换工工价，以小米作为一般等价物，一个工等于2升小米（5公斤，合4 000元东北流通券）；如秋后还清，则需3升小米。

人与马换工 由于各地情况不同，故人与马换工标准也不尽相同。如有的屯一个人工顶换一个半马工，有的屯一个马工给10斤马草、2升粮食。

记工结账 在生产互助中为做到自愿两利、互不吃亏，多数小组都采取统一记工，统一算账的方式。但是记工方法不一，有记存工的（我给谁干活了），有记欠工的（谁给我出工了），组长记总工，定期公布，每完成一项农活结算一次，也有按季节结算。结完账后组织还工，或兑现工资，或另立契约。

依安县农业生产中农民自愿结合产生的互助组，不仅解决了部分农民家庭困难、生产劳力不足和畜力缺乏等困难，而且为以后发展农业生产奠定了组织基础，积累了生产经验。例如，依安区德发乡（今依安镇德发村）倪坤互助组和通宽区永吉乡（今红星乡红旗村）孙永和互助组，都是在互助组成功的基础上，较早地成立了农业生产合作社（初级社）。

（三）开展竞赛，夺取丰收

在"大生产"运动中，依安县党政领导和工作队、解放军指战员一起深入基层组织生产，参加劳动，和广大农民同拉一部犁，同踩一垄地，播种、铲趟、收割、打场，同时，推广优良品种，推广新式农具，兴修水利，防治虫害，同心协力夺丰收。

为鼓舞生产干劲，促进生产发展，增加粮食产量，鼓励生产发家，在县委、县政府的直接领导下，自1947年春种开始，在全县范围内，组织开展了区与区、乡（村）与乡、组与组以至于家庭与家庭、个人与个人之间的劳动竞赛活动。竞赛中由参与竞赛的双方互相协商、充分讨论、订立竞赛公约后，由所在的上一级单位，如组、乡（村）、区等负责监督评比。

竞赛的主要形式有三种：一是单项赛，如谁积送的肥多，谁种的地快，谁的质量好，谁的产量高。二是阶段赛。按春耕、夏锄、秋收等主要农事季节，分阶段、分步骤进行。三是常年赛。每年从春种开始，到年终算账之时，比谁的产量高，算谁的收入多。按竞赛时订立的"公约"，组织检查、验收、评比。优胜的一方，对方以红旗赠之，表示深深的敬意和学习。年终，县、区、乡（村）都要召开隆重的表彰奖励大会，进行大张旗鼓、理直气壮的奖励与兑现。

1948年5月26日，县委、县政府在县城泰安镇隆重召开了第一次全县劳动模范代表大会。与会劳动模范代表845人，会上奖励劳动模范626人（妇女劳模65人），其中表彰和奖励特等劳模9人，一等劳模40人，二等劳模149人，三等劳模428人。奖励宝泉区永安乡（村，下同）、泰富区福民乡、通宽区永吉乡、依安

（今依龙镇）区庆升乡、泰东区托力乡、新兴区创造乡、双阳区福地乡、新发区新民乡和城关区北关闾8个乡1个闾为县级模范乡闾，还有中心区中心乡张海生产小组等7个模范生产小组。

大会对获得模范称号的乡、闾及生产小组，颁给锦旗一面，奖励食盐70斤。奖励特等劳动模范中心区孟庆禄、三兴区王月英（女）、宝泉区张德财、通宽区李海、依安区郭学中、泰东区李青山、新兴区赵杨氏、双阳区刘守璧、新发区梁永福9人每人耕牛（马）1头（匹）。余下一、二、三等劳动模范每人分别奖励衣服、食盐、犁铧、镰刀、毛巾等。

9月13日，根据黑龙江省政府精神，泰安县政府发出《为筹备今冬劳模大会及生产展览》，部署组织劳动竞赛和评选劳模工作。12月1日，县政府又发出《召开劳模大会的通知》，之后，泰安县成立了由县长刘干如为主任、县委副书记郭文仲为副主任的9人县劳模大会筹委会，全县各区也相应成立了筹委会，负责劳模选举和评议审查工作。

1949年1月3日，泰安县第二次劳动模范大会召开。中共泰安县委书记刘孜如作关于目前形势的报告，县委副书记代表中共泰安县委向大会祝贺。会上奖励了劳模，交流了经验。全县各区组织学生、群众敲锣打鼓、呼喊口号，列队欢送（迎）出席县劳模大会的劳模代表；劳模返回之时，各区普遍召开欢迎大会，劳模代表作报告、讲盛况、传经验。全县形成了劳模光荣，人人尊重的良好氛围，向劳模学习、比看之蔚然成风。

整个"大生产"运动，在中共泰安县委的领导下，不仅解决了群众的吃饭问题，安定了群众生活，发展了生产，而且对国家做出了贡献。1948年，全县完成了省政府下达的400万公斤公粮的交售任务，各区还争先恐后向县里交送支前物资，有力地支援了全国的解放战争。

第八章　快速恢复和发展县域经济

第一节　工商、交通、邮电等行业恢复

（一）国营、私营工业的恢复、建立与发展

国营工业的发展　1946年解放伊始，依安县民主政府没收大汉奸地主赵新兴的财产"福新兴"烧锅，改制为国有，成立了依安县第一家国营工业——依安制酒厂。春节过后，黑龙江省建设厅在县城东门外投资建设新的亚麻厂，秋天正式生产，"当年纺线4 000斤，织袜子10 000余双"。[①]1947年春节期间，亚麻厂组织职工秧歌队下乡给农民拜年，鼓励农民多种麻、种好麻，提高出麻率，随着企业资金积累的增多，加上管理科学、工艺先进，一跃成为全省优秀企业。

1948年2月，黑龙江省粮食局接管县粮种仓库制米厂，扩建厂房更换碾子、风车等老旧设备，安装电力机械，扩大生产规模，解决全县面粉供应之窘况。

1948年年末，县内私营工业"益泰丰"油坊收归国有，成立国营制油厂。更新设备、招聘人员、加强管理，效益显著。县政府根据支援前线的现实需要，组织军烈属，成立国营被服厂，主要生产军衣、军被等物资支援前线。至1949年9月，泰安

---

①摘自1947年2月25日《西满日报》。

县（1947年10月更名）共有国营工业7家，职工318人，总产值80万元。

1946年民主政府成立后，为了发展生产，繁荣经济，支援全国的解放战争，大力发展国营工业。面对设备原始、技术落后，又缺少原料和资金的工业基础，县民主政府在建立国营工业和扶植私营工业的同时，积极建立以私营工业为"基地"、政府投资入股的合营制工业。

县利民铁工厂，原是由泰安街几个股东合资经营的"复发车行"。主要以生产木质马车车棚、修理马车、自行车为主业。1946年2月，县民主政府向该厂注入资金入股（原厂老股东共为一股，县民主政府为一股），合资经营，改厂名为利民铁工厂。由于县民主政府资金到位，活力大增，又增加了新式的旋床、火油机、电滚、砂轮、气泵、铣缸机、电动机、电焊机、电动钻等电力机械，除修理马车、自行车外，还能生产铁制车棚、铁犁杖、镰刀、锄头等铁制产品。随着资本积累增多，又扩大再生产，相继成立了附属汽车队、糖坊、粉坊。到1947年11月，汽车队拥有"金钢"大板车1台、日产大板车1台、火犁头2台、大拖车和打麦机各1台。其下属粉坊、糖坊固定资产都在55万元以上。

县民生淀粉厂的前身是泰安街"天丰隆淀粉厂"。在伪满时期倍受敌伪政权的挤压，于"八一五"光复前夕被迫倒闭。县民主政府进城后，为尽快恢复该厂生产，政府以55万元流动资金为1股投入，原掌柜王兴臣以厂房、设备等固定资产作1股，合资经营。易名为民生淀粉合作社。主要生产淀粉、糖果，日可处理马铃薯2万余斤（10吨）。

双阳制酒厂，原是双阳区"大德泉"烧锅。1946年秋季，在土地改革清算斗争中，双阳区政府以没收大地主王钟秀之财产

"大德泉"烧锅为1股，同原股东白玉枫等8人之资本利益金54万元为1股，共同合资经营。

宝泉制酒厂。1946年末，新发区政府、宝泉区政府分别以250石（音：担，合市制500斤）和350石杂粮核算折价作股，同宝泉区私营烧锅掌柜刘玉堂携手合营，取名宝泉制酒厂。

至1949年9月，泰安县城共创办合营工厂14家，其中：铁工厂5家，制米厂4家，制油厂、皮革厂、麻袋厂、淀粉厂、造纸厂各1家。

各区级政府创办合营工厂20家，其中规模较大的有双阳制酒厂、制油厂；宝泉制酒厂、制油厂；中心区大众制酒厂、大众木工厂、大众制纸厂。

私营工业的发展　"八一五"光复之前的日伪统治时期，由于帝国主义垄断金融、掠夺资源，实行经济统治，依安的私营工业举步维艰，仅县城泰安街有几处烧锅、油坊、铁匠炉、木匠铺、钟表店、成衣铺、酱菜园、印刷局以及白铁铺、刻字店等，总计不过83家私营工业，因长期资金不足，材料匮乏，加上技术原始，工艺落后，大多勉强维持，个别濒临倒闭。

1946年1月1日，中共依安县工委（1946年8月改称依安县委）和县民主政府为繁荣经济、发展生产计，决定由县政府建设科兼管全县工商业，尤其对私营工业采取一系列的保护政策与扶植措施，大力支持和鼓励私营工业的恢复与发展。

4月10日，依安县召开首届人民代表大会，并将扶植私营工商业问题，作为重要之议题，经过反复讨论，会议出台决定对生活暂无着落之失业手工业者，组织生产小组，开展生产自救；对缺少资金和原材料之工商户，确定补助标准、免税额度及贷款规模等具体措施。这些保护政策的出台并实施，极大地调动了全县手工业者的生产积极性，为私营工业迅速医治创伤、恢复生产创造了良好的条件。

1946年下半年，为满足日益增长的广大民众生产、生活需求，县民主政府多管齐下，数业并举，尤以米面加工、纺织、印刷等行业发展较快。泰安解放之前，城镇居民食用面粉主要依靠东亚火磨供给。东亚火磨在泰安战役中被炮火摧毁后，县城面粉供应极度困难。民主政府发动群众和爱国缙绅，在较短的时间内就自筹资金建起磨坊62处，虽为畜力加工，石碾推磨，技术原始，但产量不菲，供给城镇民众，已然绰绰有余。

为了解决全县人民的穿衣问题，民主政府鼓励商贩长途贩运，适时购进群众急需的生活日用品，并实行减免税收政策。商贩们从哈尔滨贩进的"更生线"，经依安本地加工后织成"更生布"，结实耐用，价格低廉，深受群众欢迎。"在民主政府免税倡议下，依安纺织业获得很大利润，现正飞速发展。由家庭织布、合作社织布，扩展到小型纺织厂。"[1]山东人王在昌，邀请同行凑钱1.5万元，织布年净赚5万元；吕兰亭由初级扩大再生产，1架织机滚动到3架，雇用5名伙计，每天织布3匹，净赚6 000元。

1948年，泰安纺织业更加兴盛，全县纺纱车达5 000辆，从事纺织业妇女1 800余人，并由此形成了集纺、织、漂、染、加工等配套合理、产能有序的私营纺织链条，成为黑龙江省纺织品生产基地，生产的布匹远销哈尔滨、齐齐哈尔等大、中城市。

印刷业也恢复发展很快，原有东文、志文、承德3个印刷局折资入股，合并集成为一个私营合作印刷厂，集中资金，扩建厂房，更新设备，印刷技术有很大提高和进步，印刷质量享誉周边同行。

1948年1月21日，经黑龙江省政府批准，泰安县成立工商

---

[1]摘自《西满日报》1946年12月24日第一版。

科，全县12个区级政府均设工商助理。泰安县委、县政府根据中共中央"对侵犯的中农、工商业给予补偿"的政策，对错斗、错分的工商业户进行经济退赔和补偿。

到1948年末，全县私营工业发展到414户，从业人员2 328人，年产值31 813元。

（二）国营、私营商业的恢复、建立与发展

依安县政府针对私营工商业发展缓慢的状况，于1946年4月召开首届各界人民代表大会，确定了保护扶植工商业的政策。到1946年末，全县商业走上正轨并初步繁荣，私营商号发展到549家，其中，经营上杂货（绸、缎、皮、毛）等商品的大商号5家，小杂货店544家，市场摊床近千个，城乡各集镇贸易市场繁荣兴旺。

1947年初，土地改革进入"砍挖"阶段，一度出现"贴膏药"现象（凡城镇与地主有牵连的工商户，以收缴给地主隐藏财物为由受到触动），造成全县183户商家倒闭，小摊床大部收摊的尴尬局面。

1948年初，中共泰安县委、县政府（1947年10月改依安为泰安）根据中共中央及省委指示精神，为保护私营工商业计，开始逐步纠正土地改革中的偏差，尤其对"挖财宝"严加把关，杜绝乱"贴膏药"现象。在3月成立的工商调处委员会的运作下，对受侵犯较轻的商户退赔商品，减免税收；对受侵犯较重的商户，除进行商品退赔外，还积极补偿其因停业造成的经济损失。至1948年4月10日，泰安全县有各类商业营业摊床、杂货店1 997个。其关乎民生要务之摊床、商家，如棉布、粮食、百货等尤为突出，且烟酒糖茶、油盐酱醋、文具纸墨等一应俱全。

1949年9月，泰安县工商局在对全县工商户登记造册证明，全县有各类摊床1 000家，私营商号673户（其中饮食服务业122

家），从业人员993人，流动资金57 232元，年销售额1 005 100元，占全县社会商品销售额的16.8%。

1946年初，黑龙江省贸易局在依安县成立新龙贸易粮栈。下半年，省贸易局又在县原"泰和公"商号旧址开设国营新龙商场；省物资管理局在原"得庆丰"商号旧址开设国营大众商场，主要经营布匹、棉花、食盐、火柴等民生之需。

1947年，为进一步发挥国营商业的主渠道作用，县里成立贸易局（后改称贸易公司），各区下设采购站、批发站，公司主营收购粮食及农副产品，与民众兑换日用品及生产资料。同时，向国营商店、私营商业批发商品，还为基层供销社或村级代办点推销商品或用商品兑换粮食和农副产品。

1949年9月，泰安县国营商业发展到7家，其中，县级批发站1个，采购站1处，零售商店2个，行政机关1个。商品零售额286.2万元，占社会商品总额的47.94%。

早在1946年10月4日，宝泉区政府将下属长安乡（村）、精进乡（村）联合清算斗争的留存果实——药铺，作为两乡（村）群众的集体股金，就已经办起了宝泉区中西医药合作社，中西医药合作社免费为群众看病住诊，销售药品，送医上门，对农会会员实行20%的优待。1948年8月，经县委工作队指导，扩大了股金，增加了人员，拓展了规模，增添了设备，改名为群众医药合作社，是当时全县规模较大的医药商店。

1948年1月，在"土改"积极分子洪玉原（回族）带领下，城关区（泰安街）30余户回族群众，利用"土改"斗争中分得的果实（房屋、牛羊等）作股金，在县城西北街成立以屠宰牛、羊为主业的回民供销合作社，后又逐步扩大经营范围，办起纺织作坊和磨坊，生产并经营"更生布"、棉布和面粉。回民合作社的兴建和成功，为全县集资建立和发展合作经济提供了宝贵经验。

中共泰安县委为认真总结试办供销社的经验教训，于1948年12月9日，召开了泰安县供销合作社第一届代表大会。会上，县委作出决定将在平分土地运动中各村所存留果实作为资金，迅速普及到村级供销社。存留果实较多的村可实行分等作股。烈军属、生活困难工属及劳动好、生活困难贫雇农为一等，一般贫雇农及被"扫"中农为二等，普通中农及贫雇农中懒汉为三等。留存果实较少的村，可将战备车马及担架、衣物与留存果实合在一起按分贫雇农、中农户数平均作股。

到1949年5月末，全县共办村级供销社58个，占全县总村数的40%。共有资金24 677亿元（东北流通券，95元东北流通券合1951年旧人民币1元）。为县贸易公司收购粮食111.94万斤，收购农副产品，如席芪、鸡蛋、草鞋及耕畜用夹板套包等合款9.86亿元。供给农民生活物资包括布匹704 000尺，食盐104 000万斤，豆油65 000公斤等，供给生产资料，如豆饼、犁铧等合款89.5亿元。

至此，全县供销社在成立后的短短5个月中，净获利润13.23亿元，入股社员实现分红11亿元。为农民下一年扩大再生产奠定了良好的经济基础。

1949年4月，泰安县政府成立了县级供销社联合社（简称县联社）。县联社的主要宗旨和任务是为村级供销合作社服务，并有计划地向县贸易公司推销基层供销社收购的农副产品，发挥县联社在组织货源、调剂购销商品方面的核心作用和资金、信息、交通等优势和便利，按季节为基层供销社组织货源、推销农副产品，有效地缓解了基层供销社的运输费用、商品积压、流通不畅等问题，对全县城乡经济的繁荣发挥了重要的作用。

至1949年9月新中国成立前夕，泰安县共建立村级供销社79

个，入股社员2.69万人，全县村级供销网点覆盖率69%。

（三）交通、电力设施的修复

1930年4月，泰安镇南门外"东亚"火磨自行发电，此为泰安镇第一家有电户，也是依安历史上用电的开始。1937年9月，北安发电厂经克山输电到泰安镇，供日本兵驻地西大营（今亚麻厂）、火车站和动力户——"大昌米厂""福新兴烧锅""益泰丰油坊""泰安有声电影院"及泰安街西十几家商户用电，泰安镇内居民用电不足百户。1941年，伪满县公署迁至泰安街，用电户渐增至七八百户，供电时间亦由短电改为长电。

1946年泰安解放后，中国共产党成立了民主政府，并定泰安街为县民主政府所在地。为了恢复生产，发展经济，稳定民生，县民主政府成立了泰安电业分局，由北安电业局管理并负责供电。民主政府积极与北安电业局联系，并迅速组织人力、抽调技术力量进行抢修，及时对泰安城内居民或生产用电进行恢复。至1946年下半年，整个泰安城用电量已达72万度（千瓦时）。

依安自民国放荒招垦以来，境内多为民间交往自然形成的乡间土路，缺少统一规划、施工，更谈不上养护。因境内河、泡、沟密布，形成自然阻隔，每年一到雨季，泥泞难行。到1929年，从县城龙泉镇（今依安县依龙镇）通往县内各屯镇及邻县简易公路共有6条。

1932年，日军入侵占领依安。为掠夺资源及统治民众需要，抓丁派夫，强修公路。1934年，强修龙泉保（时为县城所在地）至宝泉保公路计35公里，百川保（今中心镇）至三兴保公路计22公里。1941年10月，伪县公署由龙泉保迁到泰安街，龙泉保改为依安村（今依龙镇）。当时全县有11条公路，其中从泰安街始发7条。泰安街至依安村（今依龙镇）之公路为县内主干道，增设一条副线（辅路），分上下道，上道行机动车，下道行畜力车。

1946年，全县交通沿用旧路之时，民主政府动员全县人民对原有土路取直路线、填平坑洼、加高路基、清挖边沟、铺砂垫石，以期逐步适应政府发展经济，民众生产生活之必需。

第二节　金融、财税行业的创建

依安县民主政府成立之初至解放战争期间，依安县财政独立。财政工作主要是接收敌伪财产和物资，清算汉奸经营的粮食组合、配给商店等，为支援前线及民主政府正常运转筹备钱粮，以解决县级党政机关及保安大队与县警卫团的行政经费开支。

1949年5月，根据中共黑龙江省委财经制度的暂行规定，依安县级财政制度实行预、决算和审计制度。同时继续执行东北财政委员会的规定，本县执行省里核定的大县份人员编制。县里的财政主要依靠黑龙江省政府划定的编制数量，由省财政按时、计数予以拨款。

为开辟财源，扩大收入，增加财力，县委、县政府组织县直机关干部及县大队指战员，自己动手，丰衣足食，各地养猪，实行粮、菜自给。1947年4月，县警卫团正、副团长，政委带领战士装卸火车、清扫粮食，仅20天左右就积极创收60万元，初步解决了当年用于生产的种子、农具和全团的菜金费用。1948年，全县副业收入19 025 211元（东北流通券，95元东北流通券合1951年旧人民币1元）。1949年后，县级财政收入基本平衡，国家补助逐年减少。

1946年1月，依安县（1947年10月更名泰安县）民主政府成立伊始，就设立了财粮科。及至各区政府建立后，均分设财粮助理，其基本任务是管理县、区财物和粮食工作，负责征收建国公粮。

依安县税务局成立于1946年1月，当时内设稽征、会计两股，在泰安火车站、依龙、宝泉、富海设立四个税务所。

1946年—1949年，根据中共中央关于"暂时沿用旧税法，部分废除，在征收中逐步整理"的原则，全县范围内废除了旧税法中的苛捐杂税及特殊规定，征收农业税、货物税、产业流通税和工商税。

1947年7月，北满各省税务局局长会议后，实行了全省范围内统一税政税制，所征税款交由国家统一支配。

1946年初，民主政府面临的是货币种类繁多，金融市场混乱。除了黄金、银圆等金属货币外，依安市场上主要流通的货币有"红军券"（苏联红军出兵东北时与中国政府协定发行的一种作为军费开支的临时纸质货币）和伪满货币两种。1946年6月，根据省政府训令（128号财字第36号）东北银行发行了地方流通券，票面有壹百元、拾元、伍元、壹元，至此，依安县市面流通货币增至3种。

1947年1月12日，中共黑龙江省委发出停止使用伪满货币的紧急通知，根据通知精神，中共依安县委（1946年8月改工委为县委）发出布告并立即派人骑马通知各村屯，望周知百姓。对民间持有的伪满货币进行登记，并就地封存，听候处置。

1948年年初，为粉碎敌人捣乱我金融市场的企图，整顿金融市场，东北银行发行"东北流通券"，以代替"红军券"投入市场，以1：30的比价收兑"红军券"及伪满旧币。新发行的"东北流通券"券面有贰拾万元、伍万元、壹万元、伍千元、壹千元、伍百元、贰百伍拾元、壹百元、拾元、伍元、壹元。至此，民主政府完全控制了金融市场，出现了金融稳定、人心安定的良好局面。

1949年7月，泰安县成立了中国人民银行泰安办事处，主要业务是发行农业贷款、收兑金银。

1949年12月，根据东北人民政府颁布的1950年建设公债命令，中国银行泰安办事处，在城区张贴标语口号、广发传单周知乡里，动员群众，踊跃认购国家建设公债，超额完成了省政府下达的认购任务。

第三节　文化、教育、卫生、体育等行业的发展

依安的教育事业发展情况，在民主政府建立前，经过了"中华民国"和日伪两个不同时期。

1941年，日本帝国主义为了强化统治，将县城由龙泉镇（今依安镇）迁到铁路沿线交通便利的泰安镇（今依安镇），遂使泰安街成为全县的政治、经济、文化、教育中心。据日伪时期统计，当时全县有村办小学78所，城镇完全小学（当时的国民优级学校，含初小四年，高小二年，因初、高兼具，故称完小）11所。1943年，日伪政权又在县城东门外，即解放后印刷厂与玻璃厂一带，创办国民高等学校（农科），至1945年共有6个班级，近300名在校学生。1945年末，泰安解放前夕，全县计有中、小等各式学校80所，教师94名，学生7 000余名。

1945年"八一五"光复后，匪患猖獗，民不聊生，全县城乡教育设施遭到严重破坏，学校全部停课。

依安县民主政府于1946年1月份成立伊始，开始组建教育科，配备6名专职工作人员，全县12个区各设1名文教助理，负责教育工作，乡（村）级则由区文教委员兼管教育。

泰安解放，人民获得新生，教育也充满了活力。中共依安县

委和县民主政府从提高教师队伍的政治素质入手，针对当时许多知识青年对国民党政府认识不清、抱有幻想、存在所谓盲目"正统"观念的问题，利用暑假期间，先后举办了5期近400人参加的全县教师训练班（亦称之为"学习会"），其中包括相当一部分机关干部和文教助理。训练班的主要目的是认真学习和领会党在新民主主义时期的教育方针、政策和办学目的。

为了稳定教师队伍，提高教育质量，安心教育事业，县民主政府从1947年12月始，将教师待遇从初期的"供给制"改为"战时工薪制"，即以当时的粮、油、布、柴、菜等主要生活物资实物价格为基础依据，折发工资，从而基本保证教师的生活待遇免受影响，安心授业。

在全面恢复教育授课的同时，县民主政府在贯彻中共中央"以培养干部为宗旨"的新民主主义教育方针方面，也做了许多有益的工作和积极的尝试。1946年5月，县民主政府利用伪满"大兴当"地址（现在泰安南大街路东），建立了第一所干部学校——泰安地方干部学校，县民主政府第一任县长许英年兼任校长，原伪满"国高"（国民高等教育学校）教员王际周任教务主任，李文煜任教员。时有学生80名，分甲乙两个班，甲班多系伪满国高学生，文化基础较好。学期半年，毕业后，甲班学生全部参加了革命工作，到农村基层参加土地改革；乙班学生留下来到其他学校继续读书。

1947年，县民主政府又在原伪满青年训练所（依安镇泰安北大街三道街路西），成立了依安师范中学。师范中学只有一个班23名学生，毕业后基本充实到县、区"土改"工作队。

为了解决地方干部队伍之不足，1948年4月1日开始，在泰安镇第一小学（现第四小学位置），办起了地方干部训练班，先后共举办三期，培训学员150多名，为支援全国的解放战争及本县的土地改革运动培养了一批有知识、懂政策的基层干部。

为了贯彻中共中央"以中等学校为重点"的新民主主义教育方针，中共依安县委、县民主政府克服了师资比较紧张、物资相对匮乏的困难局面，从1947年春季利用伪满"青年训练所"地址办起了县第一所初级中学，即依安县师范中学。学校的教务主任由王平担任。整个中学设3个班，一年级2个班，二年级1个班，共有学生140多名。第二学期学校搬迁到伪满时期的"亲仁"学校（现第四小学地址），班级由最初的3个班增加到5个班，学生230多名。

师范中学在办学方向上，努力贯彻新民主主义教育方针，注重在政治上培养学生具有新民主主义觉悟，关心社会，关爱民众；在文化上要具备写信、记账和阅读浅显书报能力；在经济上力求通过帮助家庭劳动，增加收入，减轻家庭和社会负担，改善个人生活，培养自强、自信、自觉能力，做到有觉悟、有知识、有能力，为参加革命工作打好基础。

在此期间，依安县的中、小学教育无论从规模上抑或质量上都得到了很大的发展与进步。截至1947年年末，全县小学扩展到153所，在校生10 605名，是新中国成立前的1.9倍；教员237人，是新中国成立前的1.3倍。

1948年11月2日，辽沈战役结束，标志着东北全境解放。随着全党工作重心的转移，黑龙江省委根据新的形势与任务，对全省教育工作提出了新的教育方针、任务与方法。中共泰安县委、县政府根据新的教育方针和省委指示，开始了全县各级学校向一个新型正规化教育阶段迈进的转型过程。于1948年春季停办半年之久的泰安初级中学，体制改为由省统一领导重新定名为黑龙江省第八中学。校址仍在亲仁学校（今第四小学）。学校由停办前的3个班增加到1949年的5个班，在校生达250名。学校的课程设置，也由原来的以政治教育为主调整转变为以文化教育为主，在校学生90%以上的时间学习文化课。

学校联系实际、提倡新型正规化的目标要求，对全县初、高两级小学（初小四年，高小二年。若一校初、高兼具，则称完小），提出了更高的标准：高小课程须90%为文化课，初小文化课为100%，实行正规化的教学体系。一批又一批翻身解放的工农子弟，踊跃入学，全县教育事业发展迅速。据1949年统计，当时全县有初中1所，教师18名，在校生250名；完全小学8所，初小152所，教师267名，在校学生多达11 297名。

各级学校在抓好教学、提升文化层次的同时，十分注重开展社会教育，向实践学习。土地改革之后，根据泰安县委的指示，各区、乡（村）因势利导，普遍开展了民校、冬学等活动。利用农民识字班、工人扫盲班，在农闲与夜晚上课学习，还组织读报、黑板报等形式强化诵读、记忆和领会。县政府专门成立了机构——扫盲委员会，制订和下达了开展扫盲运动和文化补习的指示，并要求各区制定目标，完善落实。在县里的领导下，各区普遍办起了职工夜校和农民识字班。县、区、乡（村）的小学教师大多利用业余时间担任扫盲兼职教师，教夜校、讲冬学，不要报酬。

为了办好正规化教育和扫盲教育，全县城乡都为学校拨给了校田地，由师生共同参加劳动或与农民换工。学田地的收入，主要用来解决办公费、修缮校舍等支出，以减轻政府及学校负担。

至1949年上半年，全县有冬学138处，学员2 040人；县城工人夜校2处，学员230人。

文化事业的发展。因依安开发较晚，文化相对落后，文化设施较少。共产党领导的民主政府成立前，全县只有一处电影院（泰安有声电影院，1939年建成）、一处剧院（1943年建成县协和剧团，以演京剧为主）、三处曲艺茶社，均在泰安街。解放后，中共依安县委、县民主政府为了满足工农大众翻身后日益增长的文化需求，于1946年1月组建县大众剧团，有演职人员20余人，以演话剧为主，亦根据现实需要，不时演出歌剧、舞剧、评剧等。大众剧团紧紧围绕形势发展和斗争需要，配合党的宣传工作，先后演出了《幻想》《血泪仇》等新编剧目。定期在全县城乡巡回演出。在大众剧团等专业剧团的影响和带动下，城乡各地都办起了业余剧团和秧歌队。其中最受欢迎的是依安中学的文艺宣传队，曾经演出《锁着的箱子》《兄妹开荒》《翻身学文化》等新潮剧目。为了配合轰轰烈烈的土地改革运动，宣传队还创作并赶排了《为谁打天下》等节目，在一定范围内和一定程度上推动了土地改革运动和解放战争进程中各项事业的健康发展。

在建立专业剧团的同时，县民主政府还支持恢复了县城原有的电影院和3处曲艺社，又在原"同乐天"饭店建立了1个地方戏剧团，主要以演二人转和评剧为主。后迁到县工人俱乐部（泰安南大街四道街路东，系依安评剧院的前身）。各区、乡（村）也纷纷组织起业余剧团，配合解放战争的进行和土地改革运动，适时编演一些为政治和现实服务的小节目。

1947年，依安县城所在地泰安街增设1处群众教育馆，因规模较小，附设在东北书店内，有1名专职人员管理图书。馆内藏书105册，每天阅览人数近200人。至1948年，县政府借用200万元（东北流通券）作为人民教育馆的经费。全县各机关又动员捐献400多册书刊，并抽调两名教员负责馆务工作。教育馆白天开放图书阅览，晚上附设工人夜校。晚上工人多聚于此，读书认字，秉烛而谈。到1949年，教育馆发展到两处，常年参加学习者230余人。

依安的卫生事业，在1945年光复前，全县计有中医百余名，西医20余名。全县解放后，县里决定由县民政科统管全县的医疗卫生工作，将从日伪手中接收来的县立医院，清理整合后，易名为军民医院。发动组织成立全县中西医联合会，动员广大中西医深入农村、深入基层、深入工农群众之中防病治病。

1946年8月，在县民主政府的组织和领导下，全县各区均设卫生助理，各乡（村）安排卫生员，以指导和帮助工农大众求医问药。

1947年3月，县立军民医院划分为西满军区后方第四陆军医院、县警卫二团卫生所和县民主政府医务所。

1948年，泰安（今依安）县中西医研究会正式挂牌成立。

1949年2月，县政府医务所改为县立医院，编制有医护人员27人，其中，一线技术人员20人。县立医院分设内科、外科，有床位18张。是年，在富饶、新兴、泰东三个区建立公立卫生所。

全县的中西药业在此期间也有较大发展。1949年，泰安（依安）县分设中西两个医药公司，中西药零售药店40余处，基层各区由供销社兼营药品，保证了全县城乡群众基本用药之需。

从依安解放到新中国成立之前，短短几年的时间，共产党领导的民主政府，带领全县人民，就让一个被战争破坏得千疮百孔的依安得到迅速恢复，并初步建立起一整套与政治、经济、社会事业相适应的发展体系，为新中国成立以后社会经济的全面恢复和快速发展打下了良好的基础。

第二编 ★ 社会主义建设时期到党的十一届三中全会

第九章　巩固新生民主政权

第一节　依安县首届人民代表大会召开

1949年10月1日下午3时，第一面五星红旗在新中国的首都北京冉冉升起，中央人民政府主席毛泽东同志庄严宣布，占世界四分之一人口的中国人民从此站起来了。

与此同时，中共泰安县委、泰安县政府在县人民广场（解放后到"文革"前称之为大舞台，现"怡心园"）召开全县工、农、商、学、兵各界群众参加的庆祝中华人民共和国成立大会。大会现场收听中央人民政府开国大典广播实况后，中共泰安县委代理书记郭文仲讲话，随后举行群众游行和秧歌比赛，来自于学校、机关的20余支秧歌队装扮一新，载歌载舞，英姿焕发，从人民广场出发，经南北大街，整个泰安街成了欢乐的海洋。

1949年11月9日—11日，泰安县人民代表大会召开。

第一次泰安县人民代表大会参加会议代表234人。其中，县委3人，县政府6人，农民代表占绝大多数，为155人（每村1人），占代表总数的67%。妇女代表占10%。全县各界列席代表54人（最后一天总结，列席人员多达150人）。

会议根据中共黑龙江省委的指示精神，本着一切从简的原则，取消了不必要的开、闭幕式仪式。会议突出了"以解决公粮、副业生产"为主要内容的两个中心议题。县长王英樵作工作报告，对一年来县政府的工作进行认真报告和检讨。整个报告共分两个部分。第一部分是农业生产和反奸工作；第二部分是政府工作情况的检讨，同时提出了改进的意见和建议。

代理县委书记郭文仲代表中共泰安县委提出加强泰安冬季工作的意见，除了强调公粮、副业两个中心工作外，特别提出了城乡互助、城乡协调等问题。

县委副书记王维之主持会议并作大会总结。

此次会议共作出三项决议：（1）同意县长王英樵作的"政府工作报告和检讨"、代理县委书记郭文仲作的"泰安县委冬季工作的意见"和县委副书记王维之作的"会议总结"三个报告并形成文件。县委、县政府号召全县人民"全力搞好副业生产为今冬的中心任务，按时交好公粮为当前的突出任务"。（2）正式决议案以外的提案，不论大小均由主席团提交县政府转各有关机关部门执行和参考。（3）选出参加省人民代表会议代表。

会议让全县广大人民群众真正尝到了当家作主的自豪与建言献策的荣耀。在泰安县历史上具有划时代的意义。

第二节　改造社会痼疾，消灭丑恶现象

新中国成立初期，百废待兴，面临着诸多的矛盾和困扰。县民主政府果断采取措施，对旧社会遗留下来的污泥浊水及丑陋痼疾进行彻底改造。

（一）取缔反动会道门

1949年新中国成立初期，泰安全县计有一贯道、闭眼道、儒门圣道、混元道、收缘道、玉仙道、圣贤道、孔孟道、菩萨道、

先天道、中庸道、龙华道、大同佛教会、五台山普及佛教会、中央普及佛教会等20余种会道门，有大、小道首75人，道徒3 000余人。其中组织较大、活动猖獗的主要有一贯道、儒门圣道、中央普及佛教会及五台山普及佛教会等。这些反动会道门打着"替天行道""普及向善"的幌子，实际上由国民党特务控制和操纵，聚敛和拼凑少数漏网之地主、富农、流氓、兵痞等封建残余势力为骨干，干着见不得人的龌龊勾当，他们丑化共产党，污蔑毛主席，攻击新政权，造谣生事，蛊惑人心，利用一般群众在新中国成立后公开敌人已被消灭的麻痹思想及传统的迷信心理，造谣生事，蛊惑人心，拉拢和欺骗一部分不明就里的落后群众为其嶂目，妄图浑水摸鱼，东山再起。

1949年4月27日，中共中央东北局发出对一贯道等封建会道门处理的指示，"对少数个别罪大恶极的头子，或国民党特务的主要分子，经省政府批准，以国民党特务破坏分子罪，判处死刑；对被国民党拉拢，罪行不大的头子，可判以徒刑，令其从事劳役生产；对一般会员，只要停止活动，不咎既往，不逮捕、不斗争、不处罚，但须向当地政府登记，并当众宣布永远脱离会门"。

中共泰安县委、县政府于7月18日对全县取缔反动会道门的斗争作出了四点指示：（1）打击目标是一贯道的反动头子，一般道徒登记即行停止。（2）登记一贯道的反动头子，不登记天主教、耶稣教的信徒。（3）用具体生动的例子耐心揭露并分析其阴谋破坏，教育群众提高觉悟，提高警惕。（4）要切实掌握政策，打击反动头子，争取其被骗群众脱离关系，分化内部瓦解组织。

中共泰安县委、县政府通过发动群众，举报线索，掌握了活动情况，经过登记，共查证各道会"点传师""大坛主""小坛主"等会首及骨干48人，处理了其中的34名道首（教育释放14人，剥夺政治权利7人，判处徒刑12人，判处死刑1人），至1951年初，一贯道等反动会道门被彻底取缔。

（二）查禁妓院、吸毒等社会丑恶痼疾

伪满最多时，全县有公开鸦片零售所9处，除县城龙泉镇（今依龙镇）有"权记""宸记"两处鸦片零售所外，宝泉镇有1处，双阳镇有1处，泰安街有5处（"大同""发记""泰记""庆记""政记"），通宽区1处，全县吸食者达3 316人。

1952年"三反""五反"斗争结束以后，按照中共中央和政务院的统一部署，中共依安县委、县政府（1952年6月，经政务院照准泰安县因与山东泰安市重名，复名为依安县。下同）迅速行动，大张旗鼓地开展了轰轰烈烈的禁毒运动。主要是打击境内的大烟（鸦片）贩卖者及私人烟馆，特别是对劣迹昭彰、图财谋命之大毒贩，决不手软，坚决斗争。随之在发动城内居民、全县群众大检举、大揭发。1952年8月4日，在全县统一行动中，公安机关逮捕毒犯17名，慑于威严而自动向政府坦白者27名，共取缔私人大烟馆三十几家。9月10日，全县在依安镇（原泰安街）召开公判大会，对捕获在押的毒犯进行审判，予以判刑和管制的毒犯9名，教育释放的18名，有名的大毒犯——伪满铁路司机高大车被公判10年徒刑，曹子坤8年徒刑，张子契12年徒刑，没收大烟膏3公斤。

旧社会官署允许开设妓院并从中征收营业税（民国时称之为"花捐"，日伪时称"特别卖钱税"）。从日本人入侵至新中国成立前夕，依安全县有"天裕堂""天宝堂""兰庆阁""巧凤堂""筱凤阁""美霞堂""曼华堂""如意堂"等妓院35家，且有日本人设妓院3家，几乎全部集中在泰安镇西南三道街，俗称"桃花巷"或"西南拐"，有在册妓女190人。登记在册的妓

女叫"明娟",除此之外,还有没有登记但有住所的"暗娟"和居无定所、四处游荡拉客的"野妓",俗称"野鸡"(谐音)。

新中国成立以后,泰安人民政府出重拳打击"黄、赌、毒"等封建社会几千年留下来的痼疾,一举摧毁并取缔了娟妓这一丑恶顽疾,使广大饱受摧残的妇女获得新生。政府安排她们检查身体,治疗各种疾病;学习文化知识,学习掌握本领技能;提供就业,走上工作岗位;使她们成为自食其力的劳动者。

通过一系列改造,铲除了各种毒瘤,净化了社会风气。

第三节　镇压反革命运动

新中国成立后,国民党、土匪的反动武装虽然被人民解放军击溃,但匪患并未根除,一些旧政权机构的反动分子,趁初建政权之机,千方百计钻入机关内部,企图东山再起,反攻倒算。为了保卫和巩固人民民主政权,保障国民经济的恢复和发展。1950年10月10日,根据中共中央指示精神,中共泰安县委领导全县人民开展了镇压反革命运动。

县委成立了镇压反革命领导委员会,共12人组成。县委书记郭文仲为主任,县长王英樵为副主任。县委宣传部为了配合运动的开展,在全县范围内进行了广泛的宣传工作。

在宣传发动的基础上,还动员广大群众揭发、检举,交代政策,促使其坦白自首,争取宽大处理。1951年1月至6月,县公安机关先后从内蒙古五原县、天津市、辽宁省锦州市等地将反革命分子41人逮捕归案。其中有土匪12人、恶霸2人、特务2人、反动党团骨干4人、封建会道门头子5人、国民党反动派军政官员2人、进行反革命宣传的6人、抗拒政府法令的1人、窝藏和包庇反革命分子的4人，其他的3人。

在逮捕归案的反革命分子中罪大恶极的：

王象贤，男，曾任依安县警务科长、治安维持会副委员长、光复军警备司令等职，是造成依安县死伤1 500余人血案的首要分子。

宣明哲，男，曾任依安县警察署长，国民党依安县党部书记长，是颠覆东北解放军军火列车的指挥者。

萧敬非，男，曾任依安县警务科警察，特务科主任，在"粮谷出荷"中逼死百姓赵文林。劫击军火列车，打死解放军战士10余人。

杨泽民，男，曾任依安县警察署长，打死抗联战士张相阳。"八一五"光复后，在充任海伦县海北公安分局局长时，率所属百余人叛变投敌。逮捕人民政府工作人员11人，将共产党员赵殿生枪杀。

沈庆久，男，曾充当胡匪"青海"绺子炮头。在拜泉县打死百姓14人，打伤9人。勾结土匪"张司令"将双阳镇王宽村（后改为孟常村）"土改"积极分子孟昭义、常明昌活埋。

贾福臣，男，曾任哈尔滨市中央普济佛教总会副会长。参加国民党东北先遣军，刺探共产党情报，伤害地方政府人员多人。

杨雨林（民间绰号"杨胖"），男，曾任泰安（今依安）县警务科特务。在克山县长发区枪杀抗日爱国志士40余人。勾结日军逮捕在依安县做联络工作的抗联志士刘全德，并将其交给北安市日本宪兵队，被日军装在麻袋里活活摔死。

拱之辰，男，曾任依安县公署行政科副科长，劳工大队队长，残害劳工70余人。

宋君，男，依安镇德发村恶霸地主。曾勾结土匪与人民自卫军作战，打死自卫军战士7人，打伤15人。

梁玉祥，男，曾任自卫团长。霸占农民丛占春之妻，逼死其父。"粮谷出荷"时，逼死农民吕德山，踢死农民老熊头。

吕清和，男，曾任依安县兴隆区警备大队队长。编造以"通匪""反满抗日"等罪名，勾结日军将农户曲殿臣一家三代8口逮捕枪杀。

1951年7月10日和10月28日，县公安局、人民法院、人民检察署组成联合办公委员会，根据《中华人民共和国惩治反革命条例》的规定，分别对35名反革命分子宣布判决。第1批判决了23名，其中，判处死刑12名、死刑缓期2年执行的1名、有期徒刑的7名，有期徒刑缓刑的2名，释放1名。第2批判决12名，其中，死刑3名、有期徒刑的9名。

镇压反革命运动有力地打击了反革命分子的嚣张气焰，通过大张旗鼓地镇压和宣传，狠刹了阶级敌人的威风。召开公审大会，镇压反革命分子，广大民众扬眉吐气，拍手称快。

第四节　抗美援朝运动

1950年6月25日，朝鲜战争爆发。6月26日，美国调动其驻日海、空军悍然入侵朝鲜，并于6月27日和7月7日，乘苏联代表缺席、中国在联合国席位被台湾国民党当局占据之机，两次操纵联合国安理会通过决议，组织"联合国"军开往朝鲜半岛作战。与此同时，美国第七舰队入侵我国台湾海峡，公然干涉中国内政。

应朝鲜民主主义共和国的请求，中共中央作出决定：成立中国人民志愿军，由彭德怀担任司令员兼政治委员。

1950年10月19日，中国人民志愿军分三路跨过鸭绿江，拉开了伟大抗美援朝战争的序幕。

（一）踊跃参军，支援前线

1950年11月上旬，中共泰安县委成立泰安县抗美援朝分会，深入基层，发动群众，利用各种形式进行爱国主义和国际主义的宣传教育，"推行爱国公约、捐献飞机大炮、做好优抚工作"的三大号召，组织机关、学校、企业、商店等社会各界晒干菜、制炒面、做军鞋来支援前线。

同时，号召广大有志青年积极报名、踊跃参军，杀敌立功。在当年泰安县就向朝鲜前线输送9个连共1 100余人参加中国人民志愿军。在整个抗美援朝期间，泰安全县共动员8个团共5 000余人赴朝参战，同时还出动民工1 137人及大车300余辆、担架629副，赴朝救助伤员，修建坑道、工事、飞机场等，共有88人立功获奖，其中立大功者9人。

（二）提倡厉行节约，捐献飞机大炮

县抗美援朝分会在全县范围内广泛提倡厉行节约，捡废品、做手工、加班增产来积累资金，号召学生少吃零食、动员书法、绘画者进行义卖，有一分热，发一分光，极尽绵薄，来捐献飞机大炮。全县共募集捐款东北流通券12.7亿元（95元东北流通券合1951年旧人民币1元），购买战斗机1架，并命名为"泰安号"，支援前线作战。

（三）订立爱国公约，签名反对侵略

签订《爱国公约》是中央抗美援朝总会三大号召的中心环节，县抗美援朝分会号召全县各界抓紧制订本单位和团体自己的《爱国公约》，要把节约资金、积累资金捐献武器和做好优抚工作作为两项重要内容写入《爱国公约》，内容要切实，措施要具体，目标要明确，制订和实施计划时，要与本地区、本部门、本单位的业务挂钩，要与爱国增产、增加收入紧密联系，以实际行动和努力的工作来支援前线。

1951年7月27日，泰安县抗美援朝分会，组织县直机关、团体、学校、工商界及市民，在县人民广场（大舞台）召开万人集会，热烈欢送由泰安子弟兵组建的三七八团开赴朝鲜战场。会上，中共泰安县委书记郭文仲和所在部队领导作了热情洋溢的讲话和国际形势报告，勉励出征的子弟兵奋勇杀敌，立功报国。会后，进行了声讨美帝侵略，声援朝鲜人民的万人大游行。

（四）反对美国细菌战

1952年，美帝国主义在朝鲜遭到中朝军队的痛击，狗急跳墙，丧失人性，冒天下之大不韪，公然违反国际法，在朝鲜后方悍然使用细菌等生化武器，并窜入我国东北境内进行袭扰。

1950年始，全国开展以"反细菌战"为中心的爱国卫生运动，泰安县政府责成县防疫办公室具体负责。

1952年春，泰安县境内双阳区、泰东区发现美国军用飞机投下的跳蚤、虱子等毒虫及气球等儿童玩具，旋即通过区委向县委报告。中共泰安县委接到报告后，在第一时间组织人力及时进行捕杀，调动全县民兵昼夜巡逻出勤，在较短的时间内，即将搜集的毒虫剿灭并作焚烧处理，有效地保证了全县人民的生命财产安全，遂使美帝之侵略阴谋，兽行细菌战之可耻伎俩，遭到失败。

第五节　"三反""五反"运动

为了支援抗美援朝战争，1951年12月1日，中共中央作出《关于实行精兵简政、增产节约、反对贪污、反对浪费和反对官僚主义的决定》，号召"在党的领导下，分党政军三个系统成立各级增产节约检查委员会"，用"自上而下和自下而上相结合的方法，检查违法浪费现象"。

1951年9月20日，按照中央和东北局的精神，中共泰安县委书记郭文仲就在全县干部大会上做"三反"（反贪污、反浪费、反官僚主义）学习动员。

1952年1月20日，中共泰安县委召开城镇干部大会，县委书记郭文仲作《响应毛主席号召，开展一个大规模的反对贪污，反对浪费，反对官僚主义斗争》的动员报告。会后，全县划分21个组开展运动。至当年2月中旬，"三反"运动开始转入以反贪污为主要内容的群众"打虎"（打击贪污分子）斗争。其时，县委为推进运动向纵深开展，组织有130人参加的基干"打虎队"，深入到基层斗争薄弱的单位帮助"打虎"。在全县开展"三反"运动的初期，有1 314人参加学习，共有961人坦白，交代出贪污款项150 000 000多万元（旧版人民币1万元合新版人民币1元），浪费款346 000 000多万元。

截至1952年9月，全县21个小组共收到检举信1 368件（封），被检举人570人。其中，贪污百万元以上的556人，百万元以上千万元以下的121人，千万元以上的12人（包括亿元以上"大老虎"5只，五千万元以上亿元以下的"中虎"7只，一千万元以上五千万元以下的"小虎"54只）。对拒不坦白的大贪污犯，采取"大会压、小会挤、个别谈、内部斗、外部查、找线索、对账目"的方式，部门之间，小组之间，协同动作，互相配合，深挖深揪。

在整个"三反"运动中，全县受到党内处分的党员共75名，其中，开除党籍的2名，留党察看的2名，取消预备党员资格的2名，警告处分的3名，劝告2名，劝退1名，退党2名，撤销党内职务的1名。

1952年8月3日，按照中共黑龙江省委要求，在国家机关工作人员中继续开展"反贪污、反浪费、反官僚主义"和在资本主义工商业者中开展"反行贿、反偷税漏税、反盗窃国家资财、反偷工减料、反盗窃国家经济情报"的"三反""五反"运动。按党的政策，对犯有贪污和"五毒"行为的人进行定案处理。

第六节　肃反、审干

1954—1955年前后，中国共产党内部和国家内部接连发生了"高饶事件"（高岗、饶漱石）、"潘杨事件"（潘汉年，杨帆）和"胡风事件"等，当时被中央认为是"随着我国社会主义事业的进展，阶级斗争必然日益尖锐化和复杂化"的反映。根据这个判断，中共中央于1955年7月1日发出《关于展开斗争肃清暗藏的反革命分子的决定》。

1955年7月1日，中共中央发出《关于对暗藏的反革命分子清查和打击的指示》。毛泽东提出在肃反中"提高警惕，肃清一切特务分子；防止偏差，不要冤枉一个好人"和"一个不杀，大部不抓"的方针。坚持严肃与慎重相结合、镇压与宽大相结合及群众路线的工作方法。同时，提出并强调了"有反必肃，有错必究"的原则。

为贯彻中共中央和毛泽东"提高警惕，肃清一切特务分子；防止偏差，不冤枉一个好人"的方针，中共依安县委（1952年政务院批准复名依安县）于1955年12月成立领导肃反运动5人小组，下设办公室，抽调426名干部做肃反工作。肃反运动分批进行，计划历时3年结束。

1956年1月14日，依安县人民委员会（1955年11月，经黑龙江省委、省政府批准，全省县级政府统一更名为人民委员会，简称县人委，下同）召开会议，根据县委5人小组（又称"核心组"）开展工作情况，决定全县第一批肃反运动计划：

按照计划和步骤安排，从1月16日到2月4日，全县共有9 033人参加肃反学习。共查出反革命分子和其他坏分子64人。其中，反革命分子46人，判刑2人，有期徒刑25人，社会管制8人，劳动教养9人，管制留用1人，开除劳教1人，同时，清理查清了657名干部政治历史问题。

"三反"运动的开展和"肃反"斗争的结束，极大地提升了广大人民群众建设社会主义的信心和热情，也打击和震慑了反革命破坏分子的嚣张气焰，个别漏网之徒藏在阴暗角落里惶惶不可终日。1952年1月6日，嫩江专员公署依安原种繁育场工人张某某慑于人民民主专政的威力而投案自首，坦白检举了以郑某某为首的反革命集团活动。经县公安局侦察，迅速弄清了"中华民国自由党"团伙的真实面目并将其一网打尽。所谓"中华民国自由党"，系一个有组织、有计划、有目的的反革命组织。他们是以推翻中华人民共和国、推翻共产党、推翻社会主义制度为目的的反革命集团。虽属自发组织，但组织严密，草拟纲领，制作"党旗""党证"，以造谣惑众、张贴反动标语为能事，来制造事端，欺瞒浑水。其劣迹行踪被公安机关掌握后，于1952年2月4日17时许在盘道车站，在三棵树开往齐齐哈尔的列车上张贴反动标语时，被公安人员当场人赃俱获。最终受到了人民民主专政的惩罚。

第十章 生产资料所有制的社会主义改造

第一节 建立集体所有制，实行农业合作化

　　1953年8月11日，中央人民政府政务院总理周恩来在全国财经会议上，传达了毛泽东主席的指示，"从中华人民共和国成立，到社会主义改造基本完成，这是一个过渡时期。党在这个过渡时期的总路线和总任务，是要在一个相当长的时期内，基本上实现国家工业化和对农业、手工业、资本主义工商业的社会主义改造"。随后，中央又提出了第一个五年计划的纲领，并强调要发展社会主义，要"进行有计划的经济建设"。不久，中共中央东北局和黑龙江省委也作出了践行"一化三改"的指示和部署，而摆在中共依安县委面前的主要任务、重中之重，则是领导全县人民，努力完成这个历史使命。

　　"一化三改"的社会主义过渡时期总路线确定以后，毛泽东指出"我们在农业社会主义改造方面采取了逐步前进的办法"，即"三步走"的方针。第一步，按照自愿和互助的原则，号召广大农民组织起来，联系几户或十几户地亩相当、农具搭配、人力互补的农业生产互助组。第二步，在普遍成立农业生产互助组的基础上，仍然延续的提倡自愿及互利的原则，号召并鼓励农民以

土地、牲畜、农具等生产资料多种形式入股，进行统一生产、统一经营，秋后按股分红，这是带有半社会主义性质特征的小型的农业生产合作社，也就是后来所称的"初级社"。第三步，在小型半社会主义性质的初级合作社基础上，按照同样的自愿和互助原则，号召并组织农民进一步联合起来，组织大型的完全社会主义性质的农业生产合作社，即"高级社"。其主要特征：土地、农具、牲畜等生产资料归集体所有，取消土地报酬等分红形式，实行按劳分配。

泰安（依安）县在1948年全面完成土地改革任务和目标后，按照中共中央关于"组织起来"的方针和一系列关于农村工作的指示精神，率先在农村开展了"大生产"运动。

但是早在1947年春，县委即根据土地改革后土地、牲畜、家具、劳力等相对分散、后劲不足及抗灾能力弱等不利因素，曾连续三年将一家一户的单独生产集合起来，组织翻身农民进行互助合作，以此来提高劳动生产率，增加收入。并创造了三种方式，积累了许多经验，在《西满日报》上刊发了经验文章。

从1948年开始，县内就出现了由农民自愿组织领导的具有社会主义萌芽性质的互助组。

1949年，全县已经组成常年春、夏、秋三大季节互助小组3 571个，参加户数12 814户，经营土地65万亩，临时组3 858个，23 442户，经营土地每户平均75亩。

1952年，自愿组织起来参加的户数29 081户，占全县农村总户数的79.3%。

从1952年2月，在中共中央关于农业生产互助合作决议精神鼓舞下，全县试办了农业生产合作社，产生了全县第一个初级农业生产合作社——三区（通宽区，今上游乡）永吉村（现属红星乡红旗村）孙永和红旗农业生产合作社。紧随其后，七区（依安区，今依龙镇）德发村倪坤、五区（新兴区）爱农村刘传兴初级农业生产合作社相继成立。按照"积极发展，稳步前进"的方针，农业生产合作社逐年增长。

1953年，全县试办初级农业生产合作社18个，到年底发展到22个。

1954年，依安县出现了农业生产合作社发展高潮的大好局面。全县入社（初级社）的农户由上年的4.7%一跃升至占农户总数的32.3%，据1954年7月1日的权威统计，全县参加入社的农户总数有1 512户，成立初级农业生产合作社89个。到是年底，参加合作社的户数已高达70%～80%。

1955年7月31日，毛泽东在中共中央召开的全国省、市、自治区党委书记会议上作《关于农业合作化问题》的报告，全面阐述了我国农业社会主义改造的问题，号召全党对农业社会主义合作化的进程进行全面规划和领导。同年10月，中国共产党七届六中全会（扩大）在北京召开，会上通过了毛泽东《关于农业合作化问题》的报告并作出决议。

1955年2月7日，中共依安县委委员、副县长赵云龙受县委委托，深入三区（通宽区，今上游乡）兴堡村团结农业生产合作社（初级社）总结办社经验，为县委制定《关于农业生产合作社管理几个问题的规定（试行草案）》（简称《规定》）提供第一手资料。随后县委出台的《规定》，确定了合作社工作的经营方针、劳动组织、计算劳动日、责任制、财务制度、劳动纪律、保护公共财产、领导条件等33条细则并下发各区执行。《规定》的制定，加强了县委对生产合作社管理工作的领导，规范并校正了合作社运行过程中的偏差运行机制。

中共依安县委于9月1日，根据中共黑龙江省委的指示，抽调30名干部，组成农村工作队，深入全县各区做加强党的领导和巩固农业生产合作社的工作。

中共七届六中全会（扩大）结束后，全县掀起了农业合作化运动的高潮。12个月之内全县实现了具有半社会主义性质的合作化——初级社的组建工作。据年末统计，全县初级农业生产合作社达到465个，全县80%以上的农户加入到初级社中来。

毛泽东在全国省、市、自治区党委书记会议上《关于农业合作化问题》的报告发表后，全县掀起了建立农业生产高级社的高潮。全县农业合作化由初级向高级发展的速度和进程很快，1956年2月份一个月的时间，全县就"由茧化蝶"，完成了由初级社向高级社嬗变的过程。共建立高级农业生产合作社175个，涵盖入社农户40 358户，占全县总农户的96.77%。初步实现了生产资料由个体所有制向集体所有制的历史性转变，在社会发展史上，尤其是农业发展史上，具有里程碑的意义。

第二节　私营工商业的社会主义改造

中华人民共和国成立之后，依安在县委和政府的引领下，经济繁荣、市场稳定，特别是私营工商业发展很快，分布较广。1955年之初，全县共有私人工商业户1 274户。其中，商业企业673户，工业企业601户，从业人员多达2 441人，资金1 374 611万元（东北流通券，每95元合旧版人民币1元）。

根据党在过渡时期总路线（"一化三改"）和总任务的要求，中共依安县委于1955年6月1日成立了对县内私营资本主义工商业改造领导小组，领导小组由县委书记张风任组长。根据中共中央"全面规划，加强领导，统筹兼顾，全面安排，积极改造"的方针，本着自愿的原则，在改造运作中采取"以大带小，逐步改造"的方式，于1955年6月选择县城内两个规模较大的私营资本主义工业——"天成酱园"和"东文印刷厂"作为改造之试点单位，率先进行公私合营。在取得试点经验的基础上，下半年开始在全县铺开。对某些技术性较强、国家经济建设又亟须的门类和行业，如印刷厂、面粉厂、白铁社、弹棉社、制帽社、服装社等，率先进行公私合营；对暂时不宜合营的，如铁匠炉、木匠铺、成衣店、烧锅、油坊等，国家采取直接吸收或允许其搞经销、代销，待其条件成熟时，再行合营。全县各区农村集镇上的私营工商业，县委因地制宜，主要通过互助合作的方式，将这些小企业组织起来，成立综合商店或代办经销点。

在党的政策鼓舞和感召下，中共依安县委、县政府的不遗余力的宣传和耐心细致的思想工作，依安县掀起了公私合营的高潮，广大私营业主积极响应，踊跃报名，纷纷表示，要"实业报国""振兴经济""谁先合营谁光荣""谁先合营谁受益"。县里较大的私营企业主，如"东文印刷局"经理陈殿赓、"永德泰印刷厂"经理闻德祥、"天成酱园"经理于戒三等纷纷向县政府写申请、表决心，要求进行公私合营。

1955年年末，在全县25个行业中，如白铁社、弹棉社、饲料加工社、制帽社、服装社、针织社等，先行组成18个行业合作社（厂），合营户138户。在私营商业领域中，以百货、家具、车店三个行业为框架，实现了公私合营39户；在日杂、饮食、服务等6个行业中，成立18个合作商店（饭店），下设25个分店，共145户；其他行业合营（合作）60个。

1956年2月16日，依安县实行了工商全行业的公私合营，有90%的工商业主组成公私合营合作商店（组）及生产合作社。

对在工商界有一定影响、富有经营经验、具有代表性的从业人员，合营后即安排一定的相应领导岗位担任管理职务；对年事已高的业主或老板，政府允许其子女替换接班；个别经济困难的业主予以照顾，考虑因人而异、因事而异，不同程度的给予工资上的调整，基本能接近国营企业工资收入水平。同时，保证和保持合营私方工商企业的应得利息7年不变（后来按国家规定又延期3年），利率按月息五厘计发。其余按年末分红。

全县私营工商业的社会主义改造工作完成后，全县的经济结构框架逐渐趋于合理，经济运行相对有序，在一定程度上调动了广大从业人员的积极性和参与管理的主动性，增强了经营观念，改进了经营作风，增加了企业产出效率，拓宽了销售渠道，为第一个"五年计划"的顺利实施创造了便利条件，打下了良好的基础。

第三节　个体手工业的社会主义改造

依安县的手工业改造，基本上是与私营工商业改造同步进行的。1923年，依安设治后，集镇形成，市井繁荣。由于当时商贸规模小，生产力低下，手工业大多是以手工作坊为特征，且与商业联成一体，多数以商业形式出现，经营者兼营作坊，如成衣铺之前店后厂，铁匠铺之加工预售等。铜匠、锡匠、银匠、木匠、瓦匠等则单独经营。1928年，依安第一家烧锅"福新兴"开业，资金6 000元，年产白酒67 500公斤。1929年之后，砖瓦业、大车店、木器行、白铁社及印刷业相继出现，但工艺流程落后，生产规模不大，产品数量不多。

1952年，县委根据中共中央七届六中全会提出的过渡时期总路线和总任务要求，为实现国家工业化和对手工业社会主义改造，试办了全县第一个手工业铁工生产合作社。随后，翻砂社、皮革社、军属绳麻社等手工业社顺时而生。由于国家形势好转，老百姓对党和国家的政策托底、放心，手工业发展如雨后春笋，遍地开花。至1955年初，全县私营手工业共有829户，从业人员1 754人。手工业产品占全县农村供应的80%~90%以上。

1956年2月，中共依安县委按照"统筹兼顾，全面安排，积极领导，稳步前进"的方针，在坚持和遵循手工业联合要"由低到高，由小到大，由弱到强，由分散到集中，自愿互利"的原则，在全县范围内实行全方位、全行业的手工业公私合营。共组成手工业合作社（组）56个，吸纳从业人员635人，占全县从事私营手工业从业人员总数的78%以上。到1956年末，全县有手工业合作社71个，从业人员1 106人。运行一段时间后，县领导小组按照"同行业就近，同性质合并"的原则和方法，取消"小、乱、差"，合并同类项，整合为65个手工业合作社（组）。合作社（组）的数量减少了，活力增强了，效益提高了，也吸纳了更多的市民就业，从业人员达到了1 453人，占整个私营手工业从业人员的97.64%，为历史之最。

私人手工业的社会主义改造，使原本技术落后、经营分散、管理原始的个体经济之生产方式得到整合和优化，劳动生产率大大提高，经济效益增幅较大较稳。一个新的更加适应现代社会发展需求的、社会主义集体所有制经济以崭新的面貌和活力，为国民经济的恢复和发展，为第一个五年计划的实施确立了一个稳固的基点和支撑。

第十一章　国民经济全面恢复，社会事业快速发展

从新中国成立伊始到中国共产党依安县第一次代表大会召开，短短的几年间，在中共依安县委和县政府的领导下，克服了许许多多难以想象的困难和障碍，巩固民主政权，医治战争创伤，恢复发展经济，无论是经济规模、经济总量，抑或发展速度，都远远超过了新中国成立前的几倍、几十倍，在某种程度上，甚至大大超出了人们的预期。人心思治，党群融洽，各项事业全面复苏，呈现出较好的发展势头。

第一节　地方国营工业的建立

1946年依安解放，县民主政府代表人民没收"挺进军"盘踞时之老巢——"福新兴"烧锅（大汉奸地主赵新光财产）为人民所有，为依安县有史以来国营工业之始。不久，在此基础上，组建并成立真正意义上的依安第一家国营工业。

1946年春耕时节，黑龙江省建设厅在县城泰安街东门外选址勘建国营亚麻厂，厂设梳麻、纺线、织袜共三个车间，并于是年秋季正式开车投入生产。在全体员工的热情努力下，亚麻厂当年之生产季就实现纺线4 000斤，织袜10 000余双。1947春节期间，

国营亚麻厂组织职工秧歌队深入农村，敲锣打鼓、载歌载舞进行慰问演出，鼓励广大农民积极种植亚麻，为国营工业提供原料，支援前线，支援全国。随着企业效益提高，资金积累，生产扩大，工厂又增设了织布车间，并以其优质的产品在全省同行业中脱颖而出，被评为黑龙江省优秀国营企业。

1948年2月，省（当时称嫩江省，省会驻齐齐哈尔。1947年9月东北行政委员会决定将黑龙江省分开设立黑龙江省、嫩江省，泰安县归嫩江省管辖）粮食局接管泰安县粮种仓库制米厂，注资扩建厂房，更换碾子、风车等老、旧设备，安装新式电力机械，转换工艺流程，扩大生产规模，增设制粉车间，以供给全县人民生活之必需。

1948年年末，县民主政府将私营工业"益泰丰"油坊收归国有，并选派干部分别充任正、副经理，遂宣告成立国营制油厂，更新设备，扩招职工。

泰安县民主政府，为支援前线，组织军、烈属等后方人员，成立国营被服厂，专司军衣、军被等支前物资。1956年，军属棉布加工厂改名扩建为依安县棉织厂，厂址由依安镇东大街路南（原针织厂院内，现址为县财政局路南，国税局路东）迁至"西大营"（现为奈伦公司），主要生产棉布等。

1949年建淀粉厂，后于1954年迁至东门外亚麻厂，更新设备，改造流程，日处理马铃薯由30 000公斤提高到85 000公斤，产品质量较好，由内销转为外销出口。1958年，淀粉厂在技师陈有的主持研发下，其生产的"冰山牌"（外销称"雪山牌"）马铃薯淀粉，质量超过英国、赶上荷兰。"风车牌"淀粉，打入国际市场，畅销欧洲及马来西亚等地。

从1950年开始，县里先后建乳品厂、制砖厂（设立制瓦车间）、棉织厂（扩建）等。

泰安解放之初，县级工业由县物资管理局分管。1949年，县民主政府成立泰安县企业公司。1955年，成立工业科、手工业科和手工业生产合作联社，实行地方国营工业与集体合作工业归口领导。1958年，改工业科为工业局。

至1956年，工业在地方经济中的比例逐步提高，地方国营工业在整个工业企业中的比例也逐年增加，初步形成了以地方国营工业为主、集体企业为辅的县级工业体系，工业产品也由新中国成立前的简单产品，如镰刀、锄板、犁铧、大车、木器、皮革、白酒及砖瓦建材等，转型升级为高品质、高附加值产品。依安生产的造纸、乳品、陶瓷、棉布、针织品等进入了国家市场。

第二节　地方国营商业的发展

1946年，依安解放初期，为了快速发展生产、恢复经济、掌控经济命脉，为支援前线、解放全中国提供物资保证，县民主政府在其所属的泰安贸易局下设新龙商场（原"泰和宫"商号），是当时唯一的国营商业，开共产党领导下的民主政府国营主渠道商业之先河。1948年，成立工商科。

到1949年新中国建立前夕，泰安（依安）县国营商业单位发展扩大到7家，包括批发站3个、采购站1个、零售商店2个、行政机关1个。为加强对军需和民用紧俏物资之管理，工商科下设专卖管理所。

1950年，泰安县商业规模扩大，分工逐渐明确、科学，尤其国营商业已建有百货、土产、粮食、煤建四大支柱公司，年销售值247.1万元（含供销），商品零售额344.8万元，占社会商品零售总额的47.5%，实现年利润18.7万元。国营商业已然接近整个商贸系统的半壁江山。

1953年，开始第一个"五年计划"的时候，全县已经有商业网点17个（每个区都有）。其中，县级批发站6个，采购站2个，批零兼售商店2个，在职员工748名（含供销）。在此期间，按照中共中央和国务院要求，在全国范围内开始先后对粮食、棉花、棉布、食油实行了统购统销，对生猪生产实行派养派购政策。

1955年9月，县工商科分开设立，单独设立商业科。1956年，商业科改为商业局。

1956年，随着"一化三改"之党在过渡时期总路线和总任务的施行，依安县的商业系统也掀起了公私合营高潮。全县的国营商业单位增至到21个，其中批发站6个，采购站3个，批零兼售商店3个，零售商店6个。年销售值2 200.8万元（含供销），全县商品零售额2 195万元，占社会商品零售额的84.82%。

第三节　交通、邮电、电力等事业的进步

1929年，县公署为便利商贾流通，贸易往来，便开始正式修路。并于通往各屯镇及邻县的公路上构建木桥三座。一为县城（龙泉镇，今依安县依龙镇）至泰安镇公路（乌裕尔河）桥；二为县城（龙泉镇）至双阳镇公路（双阳河）桥；三为县城（龙泉镇）至明水县之跨县公路（南碱沟）桥一座。

1931年日军入侵中国后，窃取东北并成立所谓伪"满洲国"，为维护其殖民统治，抓夫派工，强修道路，以利其攫取我中华财富。1934年，修县城（龙泉镇）至宝泉镇公路48千米，百川村（今中心镇）三兴镇公路22千米。1941年，县城迁到泰安镇，自此，所有公路均以泰安镇为中心，向四方辐射。其时，全

县公路增至11条。

1946年依安解放之初，其公路养护等，由建设科代行其是。曾数次组织、动员全县人民修桥补路，对原有土路取直加高，填平车辙坑洼，清挖路沟，上土铺砂，交通状况大为改善并逐步好转。

1949年，县民政科设公路股，负责全县公路管理工作。

1950年，设泰安（依安）—明（水）养路工区。在改建和养护新中国成立前留下的桥梁、路段时，又新建了永久性、半永久性桥梁多座，如1950年，在乌裕尔河套地段，新建17座木桥；1954年，在泰安（依安）—明（水）公路双阳河地段，修建7座木桥。

1950年5月，县成立运输公司，专司公路运输之货流、客运业务。1956年改为公路依安分站，隶属嫩江运输公司拜泉总站。

1959年，县政府设交通科，加强对县级公路的投入并有序管理。同年9月，交通科改为交通局。遂将公路发展与建设纳入整个国民经济发展规划，并实现财力投入逐年提高。

邮政事业始自设治之初，1924年，设治局所在地龙泉镇（今依龙镇）建邮政代办所，其业务由当地私人商号代办，属林甸县邮政局管理。当时交通闭塞，邮路不畅，邮件经林甸到拜泉、依安，正常需时6日。1929年，依安晋升三等县署，经吉黑邮务管理局批准，设三等乙级邮局。1930年，依安邮局设立后，邮路延长至齐齐哈尔（省城，时为龙江省，依安归其所治），邮件改由汽车代运，一日可达；1941年，邮件由铁路寄送，当日易返，风雨无阻。1934年，经依安县地方士绅民众集资及省府拨款，架设市内电话和县城龙泉镇至泰安镇长途电话线路，依安县电话局始立。长途电话借助铁路线路，可通到克山、北安、安达、齐齐哈尔等地。1941年，始办民用电信业务。

1946年易安解放后，民主政府重视电信邮政业务，由县城开始，重新架设电话线路通往县内各区政府所在地，接发自如，通讯改观。随着新中国成立，政权巩固，于1952年新建长途电话线路1条，可接、发省内、省外之讯。民用电报均可接转发寄。

1946年，民主政府成立泰安邮电局（依安），下设邮政、电信、总务三个组室，并于依龙镇设立邮电支局一处，办理函件、汇兑、包裹及市内电话业务。全县12个区负责接送县里邮件，复送至区（村），再由村及屯。1954年，各区设乡邮人员，邮件、报刊可直接投送村、屯。自此，基本做到"政令不过夜，家书不违时"。有力地配合了新中国的治国方略和县委、县政府的政令下达，民声反馈及信息需求。

1946年，建泰安电业分局，有电业职工16人，隶属北安电业局管理并供电。当年，即修复遭敌伪及战争破坏之电路，总用电量为年72万度。1951年，由北安变电所供二区（泰东乡）、五区（新兴乡）、六区（三兴镇）、七区（依龙镇）、八区（富饶乡）、九区（双阳镇）、十区（阳春乡）、十一区（中心镇）、十二区（新发乡）和造纸厂、淀粉厂生产用电。

1959年，依安县自建发电厂并于1961年正式投产运行，安装1 500千瓦发电机组，终因耗煤高、亏损大，于当年9月下马。

第四节　社会事业日益繁荣

新中国成立前，依安县的文化、艺术等事业数量较少，且发自民间居多，仅有皮影、书曲、蹦蹦（二人转）等游走串演之集市、乡村。1936年，由烧锅经理赵新兴等四人，倡举筹建"泰安有声电影院"，兴隆一时，但内容无非侠怪邪神、才子佳人一类，后生意渐冷，观众寥寥，于1945年关闭。

1943年，伪县署组织建立协和剧团，主要以演京戏为主，"八一五"日本投降后解体。

新中国成立后，文艺工作暂由民主政府之教育科全权代行其职。1950年，县政府改教育科为文化教育科（简称文教科），将文化艺术事业正式纳入政府管理序列，形成了政府内有县级领导分管、科室干部主抓、基层各区委、党委都有专职文教助理和宣传委员履职的良好局面。

为了适应快速发展的形势需要，也为了满足人民大众的物质文化需求，用新文化、新思想来武装民众，引领潮流，县民主政府于1946年1月宣告成立大众剧团，其演职人员20余人，以演话剧为主，亦根据节日、庆典、会议和运动、斗争之现实需要，参演一些歌剧、京剧、评剧及歌舞等。主要代表剧目有话剧《孤独泪》《锁不住的箱子》，歌舞剧《夫妻识字》《兄妹开荒》等反映解放区新风俗、新气象的时尚剧目。

土地改革开始后，县大众剧团演职人员受命参加"土改"工作队，至1947年大众剧团解体。

1954年12月，县内民间艺人王兆礼组建剧团，在此基础上，县政府于1955年招贤聚才，广纳演艺名角、人才等30余人，成立依安县评剧团，旧曲新弹，翻唱部分传统戏、地方戏，辅之以歌剧、舞剧等。1956年，正式转为全民所有制预算内单位，由县级财政全额拨款。

1953年，民间艺人赵文学等6人自发组成民间艺术队，在县城内小剧场或农村巡回演出。至1956年，由艺人徐国启领衔为队长，演职人员增至15人，渐成规模，主演东北地方特色之二人转、拉场戏等。

1961年改为集体所有制团体。热演剧目有《花木兰》《审椅子》《蝴蝶梦》《美人计》《三只鸡》《回娘家》等。

成立于1948年的文化馆，当时内设广播、群众文化和社会教育三个组室。深入基层挖掘人才，组织培训。每至春节元旦、中秋端午，县文化馆结合形势，或组织秧歌会演，或组织节目考评，或组织绘画展出，或组织创作辅导，穿街盈市，盛极一时。

由双阳区吉利村农会在土地改革运动中集体创作的《农会誓词》，在1947年2月20日的《西满日报》上全文登载：

地主造谣就报告，

坏蛋走狗不能饶。

一人当走狗，众人都下手。

恶霸心不死，咱也不死心。

穷人要翻身，打倒胡匪中央军。

穷人要享福，打倒恶霸大地主。

好汉出马一条枪，敢作就敢当。

不卖国、不投降，才算英雄将。

1951年，县文化馆组织全县美术展览宣传画廊，一次展出当年群众创作之反映建国新政、抗美援朝、"镇反"、"三反"等现实内容的漫画96幅、连环画290幅。

1947年，民主政权接收汉奸财产泰安有声电影院，经维修后恢复放映。1950年，改称北麟电影院，1952年下半年始称依安电影院，主要放映纪录片、苏联及东欧等社会主义兄弟国家故事片。1953年始放映国产有声故事片《白毛女》，其观众座椅由长条木质板凳更新为长条木质条椅。1956年，扩建修建二楼观众厅，增加座席200个。

1953年3月，依安县成立电影放映队，专司农村放映，根据影片发行和稼穑间隙，不定期下乡巡回放映。1955年，成立依安电影放映总队，下设三个分队。1958年，随着"大跃进"的深人，电影总队下放，成立依龙、三兴、宝泉、双阳、奎东（先锋）、中心、泰东七个人民公社放映队。

除了文化馆、电影院、评剧团等艺术团体日渐活跃之外，县图书馆、新华书店等文化设施、文化场所也不甘其后，各呈异彩。每逢周末，县城有文化广场（露天电影），农村有文化集市（影、戏巡回演出），文化馆有文化夜校（文艺辅导、文化补习）。秧歌比赛热火朝天，专业剧场（评剧团、艺术剧院）联袂献艺。显示出文化事业蒸蒸日上的蓬勃景象。

依安解放，教育事业也结束了旧式的封建礼教之灌输和敌伪时期的殖民式、奴隶化教育，掀开了新的一页。

1946年1月，县民主政府首设教育科内置教育、社会教育两个股室，人员编制6人。1950年，更名文教科，涵纳文化、体育等，统管全县教育行业。

1947年，创办县立初级中学一所，下设初一、初二凡四个班，学生147人，同时附设简易师范班一个，计收生员23人，以冀教育发展之师资储备。教员薪酬由县政府计发，办学经费则主靠学田收入解决。

1950年，县立中学发展到7个班计237人。1956年，根据上级"全面规划，加强领导"大力发展教育事业的方针，县立中学增加两个高中班级，为立县以来之最早的"完全"中学。为满足高小（小学五至六年级谓之高小，一至四年级谓初小）毕业生升学之需，且解决农村学生就近升初中之便，依龙镇增设一所初级中学。自此，城乡共有初级中学班22个，在校学生1 235人，基本满足了全县小学晋升之需。

小学教育也蓬勃发展。为鼓励和发展教育事业，县民主政府对拥护民主政府之旧政权教员予以留用任教。1946年1月1日，泰安解放，4月，全县教育就开始复课。至1947年，全县已有完全小学12所，民办公助小学141所，是县解放前的1.96倍；学生10 605人，是县解放前的1.4倍；教员237人，是县解放前的1.3倍。1949年，全县计有城镇完全小学8所，初小1所，农村完全小学4所，初级小学151所。全县高小24个班，初小219个班；高小学生526人，初小学生10 771人；教员264人。1951年，由于生产发展、社会稳定、人民安居，教育事业空前发展。全县小学发展到213所，其中完全小学68所（含师范附小1所），是建国初期的1.3倍；当年招生10 399人，占全县学龄前儿童总数的50%；在校生达到28 077人，创历史新高，是新中国成立之初的2.5倍。

师范教育，从1952年开始兴办简易师范1所，招收学生三个班共150人，学制1年。1953年，招收两个班，学生100人。1956年，黑龙江省在依安办初级师范学校，校址在西大营（原棉织厂，现奈伦公司院内），面向全省北部地区市、县招收生源，共18个班，计903名学生。1958年，又招收三年制中师班三个，学生150人，初师班18个，学生1 053人，易校名为依安师范学校，隶属嫩江地区行政公署。

医疗卫生事业从小到大、由弱及强、自粗渐精，发展较快。

1945年，全县只有公立医院4处，私立门诊10家，有从医资质者区区几十人，全年诊治患者不过万八千人，而危病不治者死亡率高达23%。

依安解放后，1946—1949年，全县卫生工作由县民政科统一管理，下设卫生股，四名专职干部管理全县卫生事业。1950年，成立县政府直属独立卫生科。1953年，改卫生科为卫生局，同年10月，与县文教局合并后称为文教卫生部，下设卫生科。

1946年解放之初，即将旧政权之"公办"卫生机构收归民主政府所有，其宗旨为广大基层民众服务。至1949年，全县医疗机构已由解放前的14处增至26处（公立4处，私立22处）。

1954年，全县已初步建成以县人民医院、县中医院和县农场医院为龙头，以各区卫生所（院）为辐射的县级医疗网络之雏形。其中，县人民医院系由县卫生院与中/西医联合诊所合并而成，始称人民医院，有住院床位40张。从1954年开始，人民医院设立制剂室，简单的丸、散、膏、丹及滴注输液之葡萄糖、淡盐水等，已可获准自行生产，满足自给之需。

1954年，县第一联合诊所改称依安县中医院，医务人员16名（技术人员12名），床位15张。

基层卫生机构也有了较大发展。至1958年，全县乡（时区已改称乡）镇均已建立卫生所（院）。

第五节　中共依安县第一次代表大会

为了总结社会主义革命和建设的基本经验，及时查找和改正群众运动和革命工作中的错误与不足，更好地建设社会主义社会蓄积更多、更大的能量，中共依安县委经过反复的研究并报请省委批准，决定筹备召开中国共产党依安县第一次代表大会。

中共依安县第一次代表大会于1956年4月24日—29日在依安县依安镇胜利召开。这是中国共产党在依安县历史上首次公开进行的有组织的集会和宣示，它向世人展示了共产党人强大的生命力、凝聚力和感召力，在中国共产党依安县的历史上，具有里程碑的标识和划时代的意义。

中国共产党依安县委员会第一次代表大会是在贯彻执行全国农业发展纲要（草案），保证四年提前完成"五年计划"的新形势下召开的。为了开好首次依安县历史上中国共产党代表大会，原中共依安县委组成人员和各级党的组织机构和职能部门，事前做了大量的工作和周密的部署，分别成立了总务组、秘书组、宣传组、组织组、保卫组等会务机构，对整个大会日程和议程进行了积极的筹备与安排。为保证与会代表的先进性、纯洁性和代表性，县委专门成立了代表资格审查委员会、代表方案审查委员会、会议监票委员会等，对整个大会的过程负责进行监督和管理。

大会于1956年4月24日正式开幕，出席会议代表267人，代表全县17个党委（总支）和4 614名党员，列席代表59名。出席会议的代表，具有充分的代表性与广泛性。其中，农村代表195名，工人代表10名，交通运输代表8名，财经贸易代表15名，文教卫生代表4名，机关干部代表32名，妇女代表11名，少数民族代表1名。

大会认真听取了县委书记张风代表县委作的题为《提高党的领导，为建设繁荣幸福的社会主义新农村而奋斗》的工作报告和县委委员、县长吴畏作的《为实现依安县关于贯彻执行全国农业发展纲要的规划及保证四年完成五年计划而奋斗》的报告。

报告对过去一个时期工作进行了全面的总结和检讨。充分肯定了取得的成绩，客观、公正地查找了不足，指出了问题，分析了症结。对当前的形势进行了分析，部署了今后五年的工作重点和目标、任务。报告特别强调了加强和改善党的领导的重要性和必要性，指出党的领导，是带领全县人民提前完成新中国的第一个"五年计划"、建设社会主义新农村的根本保证。

中共依安县委委员、县长吴畏作《为实现依安县关于贯彻执行<全国农业发展纲要>的规划及保证四年完成五年任务计划而奋斗》的报告。

大会选举产生了中共依安县第一届委员会。选举张风、矫洪年、吴畏、赵云龙、胡殿举、李海升、孙华、韩振海、王克、刘本良、孙耀中、顾云岭、周景隆、单永孝、王永清、姜纯齐、王永庆、陈万昌、张庆年19人为新一届县委委员。

选举张风、矫洪年、吴畏等5人为县委常务委员。选举张风为新一届中共依安县委书记，矫洪年为县委副书记。会议选举产生了中共依安县监察委员会。书记矫洪年，副书记周景隆。监委委员刘兴沛、单永孝、顾云岭、王永清、赵喜。

大会认为，依安县党组织过去几年来，在党中央领导下，在省、地委的直接领导下，基本上执行了党的路线、方针和政策。经过全体党员、干部和人民群众的努力，工作上取得很大成绩，基本上完成了社会主义改造任务，实现了农业全社会主义的合作化、手工业和农村小商小贩全社会主义的合作化、私营资本主义工商业公私合营。农业生产及其他各项经济工作都有了很大的发展与提高，人民的文化物质生活随之有了很大的改善。

大会认为，全县今年以及今后的基本任务是在巩固社会主义改造胜利成果的基础上，集中全力加速以农业生产为中心的社会主义经济建设、文化建设，为建设繁荣幸福的社会主义新农村而努力奋斗。为此，全党必须积极努力，把各方面的工作结成以农业生产为中心的整体，以求在12年内（1956—1967年）粮食亩产达到300公斤，总产达到48 000万公斤，同时，各项事业得到发展。全面完成十二年计划。迎接中国共产党黑龙江省委第一次党代会和中共中央第八次代表大会的胜利召开。

中国共产党依安县第一次代表大会的胜利召开，对于团结和领导全县人民更好地贯彻执行党的的路线、方针、政策，为建设社会主义新农村，四年完成五年计划起到了积极的推动作用。

大会还选举丁殿芝、张风、吴畏、赵云龙四名同志代表中共依安县委出席中共黑龙江省第一次党员代表大会。

第十二章 开门整风与"反右派"斗争

第一节 开门整风运动

全党整风实际上是中国共产党第八次代表大会提出来的。

中国共产党第八次全国代表大会，是党取得全国执政地位后召开的第一次全国代表大会。

1957年4月27日，中共中央发出《关于整风运动的指示》，决定在全党进行一次以正确处理人民内部矛盾为主题，以反对官僚主义、主观主义、宗派主义为内容的整风运动。

根据中共黑龙江省委的部署，依安县的整风运动于1957年10月中旬开始在全县城乡分期分批进行。这次整风的目的主要是提高广大党员干部的马克思主义思想水平，改进作风，密切联系群众，巩固与纯洁党的干部队伍，从团结的愿望出发，经过批评与自我批评，达到新的团结，以适应社会主义建设的需要。

为了搞好整风，中共依安县委按照中共中央的指示精神，于1957年10月8日，成立了整风领导小组，县委第一书记张风任组长，县委书记处书记赵云龙、刘本良、孙耀宗、吴畏任副组长。领导小组下设办公室，由县委书记处书记赵云龙兼任办公室主任，并在各部门、各单位抽调18人具体负责。制订了详细的整风计划，不定期印发《整风工作简报》，以沟通全县的整风情况。

县委整风运动伊始，其工作程序及运作方向良好、紧张、健康、有序。10月22日，县委组织召开包括文教、卫生、财经、贸易、工交等系统的整风动员大会。至月末，党政群机关、农村小学教师开始整风。全县有3 385人参加运动，工作铺排有序，群众热情高涨，共贴出大字报43万余张，揭露各种问题75万余条。

在其后进行的鸣放中反映出的问题经过集中梳理，主要是鸣放和反映领导干部的主观主义、官僚主义现象比较普遍，诸如部分领导干部不愿深入基层，高高在上，脱离群众，只习惯于打电话、要数字等官僚主义作风。农村社队领导主要表现在不愿参加农业生产劳动，整风中统计，全县农村中546名合作社的支部书记、主任、会计中，仅有96人完成了劳动日计划，占主要领导的17.6%。在3 978名副书记、副主任及正、副队长、统计员、保管员中，有1 865名干部不经常参加农业生产劳动，占46.9%。有的社队干部对合作社中存在的损失浪费、耕畜饲养使役不善、农具丢失损坏、记工不合理等问题，听而不闻、视而不见。还有个别党员干部目无法纪，大吃大喝，贪污腐化，违法乱纪。社队管理混乱。据统计，全县农村各种损失浪费金额竟达35万元之多。仅粮食丢失浪费即达45万余公斤；丢失死亡耕畜210余头（匹），丢失损坏农具1.7万余件。

鸣放中反映出的问题还有党员和群众之间的矛盾，表现在党组织对非党群众政治上关心不够，缺乏耐心的帮助和鼓励。对知识分子的大胆创造不能给予有力的支持。有的企业存在着党员不尊重非党领导干部的意见，致使一部分非党干部产生自卑情绪，不愿和党员交朋友，影响了党群关系。

根据边鸣放边改正的精神，各单位都采取了整改措施。有的领导在群众大会上做公开检查；有的党员干部自觉进行了批评与自我批评，能改正的都立即进行了改正，受到了群众的交口称赞。

为了能够体现真正的开门整风，密切党群、干群关系，县委常委会议研究决定，从县委做起，所有党、政、群机关干部分期分批大下基层，深入到田间、车间等生产第一线参加劳动，蹲点调查，同农民、工人广交朋友，并提出了"走出办公室，深入第一线，广交大众友，作风彻底变"的口号。县委抽调县委书记处书记吴畏、孙耀宗带队，分别带领330名县直机关干部深入工厂农村，与社员、工人同吃同劳动，广泛征求他们对党组织和政府的意见、建议和批评，了解他们的疾苦、需求和心声。据统计，在先后三批大下基层中，有1 245人参加这项活动，征求意见2 271条，帮助群众解决生产、生活中的实际问题827件。使共产党员和基层党组织的形象在人民群众中有了很大的提升。

这次遍布全县城乡的集中、统一整风，使全县党组织的战斗堡垒作用和共产党员的先锋模范作用进一步提高。一类党支部增加到237个，占全县基层党支部的73.8%。

同时整风工作也对违反党规党纪的党员进行了严肃处理。在被处理的32人中，开除党籍的8人；留党察看的10人；严重警告的5人；警告的6人；劝告的3人。纯洁了党的队伍，保持了共产党员的先进性。

第二节　"反右"斗争扩大化

在全党开展开门整风的过程中，在一些地方出现了些许不和谐甚至比较复杂的情况。极少数资产阶级"右派"分子混在革命队伍中，借着共产党开门整风运动，乘机兜售和鼓吹所谓"大鸣、大放、大民主"，他们蒙蔽和蛊惑不明真相的群众，架空媒体，裹挟舆论，猖狂地向中国共产党和新生的社会主义制度发动进攻。这一小撮资产阶级"右派"分子把共产党在国家政治生活中的领导地位攻击为"党天下"，公然提出要共产党退出机关、学校，公方代表退出合营企业，要求在政治体制和领导岗位上"轮流坐庄"，妄图取代共产党的领导。这些人极力抹杀社会主义制度的优越性，把人民民主专政的制度说成是产生官僚主义、宗派主义和主观主义的根源。这种咄咄逼人的情况很快就引起了党中央的高度警惕。

1957年6月8日，中共中央发出组织力量反击"右派"分子进攻的党内指示，一场全国规模的群众性的急风暴雨式的反击"右派"运动由此拉开序幕，并迅即在全国各个领域猛烈地开展起来。

1958年1月25日，中共依安县委根据中共中央发出的《关于组织力量准备反击"右派"分子进攻的指示》，召开反"右派"斗争动员大会。整个运动从2月份开始，历时40天结束。

经过40天的"反右"斗争，中共依安县委几经努力，在把握方向、掌控进度和引导群众等方面做了大量的、耐心的思想政治工作，也适时地发现并解决了一些问题，特别是纠正了一些"反右"斗争扩大化的错误，但是在当时国内大的环境及"左"倾狂热思潮影响下，依安县的"反右"斗争和全国一样，还是犯了严重的扩大化错误，导致一些真心爱党、敢说真话、仗义执言的党内外同志和朋友遭到不公平、不公正的对待，被错误地划为"右派"，以至于在之后的几年，乃至几十年蒙受不白之冤，承受了屈辱，受尽了歧视，遭到了不公平、不公正的待遇。

"反右"斗争严重扩大化的教训是沉痛的。当党中央发现这些问题后，及时下发了纠正的指示。

1959年，按照中共中央的指示精神，中共依安县委成立了处理"右派分子"办公室，专门负责对"右派"教育和摘帽事宜。
1959至1964年，共先后分五批摘掉"右派分子"帽子102人。
1978年，党的十一届六中全会作出了"拨乱反正"的指示精神，
遵照中共中央下发的（中发11号文件），中共依安县委对其余的
24人摘掉了"右派分子"帽子。

第十三章　总路线、"大跃进"、人民公社之三面红旗

第一节　党的总路线

"反右"斗争结束以后，为了更好、更快地发展社会主义经济，中共中央适时地总结经验，调整思路，试图将工作重心转移到经济建设上来，最大限度地减少政治运动给国民经济带来的消极和负面影响。据此，1958年5月，在中国共产党八届二次会议上，讨论通过了"鼓足干劲、力争上游、多快好省地建设社会主义"的总路线。这条总路线的提出，反映了广大人民群众迫切要求尽快地改变我国经济文化落后状况的普遍愿望。它把社会主义建设作为主要任务突出地摆到了全党和全国人民面前，正确地反映了党的工作重点转移的需要，受到了全国人民的热烈拥护。然而它忽视了客观经济发展规律，否定了国民经济计划的综合平衡，夸大了主观意志和主观努力的作用，以致后来出现了"大跃进"运动失控的局面。

中共八届二次会议提出总路线的基本点是调动一切积极因素，正确处理人民内部矛盾，巩固和发展社会主义全民所有制和集体所有制，巩固无产阶级专政和无产阶级的国际团结；在继续完成经济战线、政治战线和思想战线的社会主义革命的同时，逐

步实行技术革命和文化革命；在重工业优先发展的条件下，工业和农业同时并举，大型企业和中小型企业同时并举。尽快把我国建设成为一个具有现代工业、现代农业和现代科学文化的伟大的社会主义国家。

中共依安县委连夜组织县委常委进行学习领会。然后，全县各级组织、各个部门与基层单位召开各种会议，首先在党员领导干部中传达精神、学习细则、领会实质、贯彻决议。广泛利用县内的广播、新闻等媒体进行宣传鼓动，提出要做到家喻户晓、人人皆知。让党的建设社会主义总路线真正深入人心，转化和升华为全县广大人民群众努力建设社会主义的精神能量和实际行动，成为推进建设社会主义高潮的强大动力。据统计，县委在宣传贯彻总路线过程中，共出动各种宣传车125辆（次），印发宣传材料20万份，下发宣传口号120万张，利用演出下乡宣传达200余场，出各种形式板报、墙报320多块。通过这些宣传活动，使党建设社会主义的总路线精神一夜之间传遍依安大地的每一个角落。一时间，全县城乡红旗招展，口号震天，标语盈街，群情高涨。

第二节　　"大跃进"运动中的"大办"

早在中共八大召开之前，党在社会主义建设时期总路线的方针就开始酝酿并逐渐形成了清晰的思路和实施计划。

这次会议的主要议题是总结第一个五年计划期间革命和建设的经验，讨论和研究1958年国民经济计划、国家预算和第二个五年计划以及长远规划的有关问题，进一步掀起生产建设"大跃进"的高潮。随后《人民日报》发表社论："我们国家正面临着一个全国'大跃进'的新形式，工业建设和工业生产要'大跃进'，农业生产要'大跃进'，文教、卫生事业也要'大跃进'。"由此揭开了全国、全民"大跃进"的序幕。

中共依安县委认真贯彻中共中央的指示精神，在总路线"大跃进"的鼓动下，各项事业的生产指标一改再改，一升再升，提出一年实现五年指标，五步并作一步走。并由此在全县城乡范围内开始了在"大跃进"引领下的一系列"大办"。

（一）大办工业要成果

1958年11月23日，中共依安县委召开全县四级干部（县、公社、大队、生产小队为四级）会议，中心议题是研究确定大办工业的各项指标和具体措施。会议确定依安县大办工业的口号是"全民齐动手，都把工业办，大干30天，建厂两千三百三（十个）"，并提出了一天建十个工厂的目标。经过布署和鼓动，全县城乡群情激昂，1958年当年全县共建成大、中、小型工厂达3 806个（平均每天建10.4个厂）。其中，县营工业49个、乡社队营工业3 757个。

（二）大办水利掀高潮

全县在夏锄铲耥的大忙时节，又提出了向水利化进军的口号，掀起了大办水利的高潮。县委组织5万多名农民从夏锄大忙时节的农田里撤下来修水库，筑堤坝，挖沟渠，大搞农田基本建设。到1958年9月末，全县修大小水库220座，加上干渠、水土保持、洼地治涝、田间灌溉等工程，完成总土方量达1 750万立方米，超过新中国成立以来水利工程的总和。同时，打井治泉11 800眼，旱田改水田45 000亩。

（三）深翻土地搞会战，人造"高产田"

全县还掀起了大搞深翻土地的高潮，刚刚进入秋收，有的粮食还没收完，县委就组织干部下乡动员群众参战。当时的阵势是

"白天千军万马、晚上灯笼火把"，马拉犁杖、人动锹镐、翻地三尺，大造"高产田"。1958年秋，经过两个多月的苦战，全县深翻土地达224万亩，占总耕地面积的72.3%。由于不讲科学种田，把黑黄土严重掺杂，将"一把可攥出油"的黑土深翻到地下，生土却翻了上来，破坏了土壤结构，加速了水分流失，进而造成了农业大面积严重减产。

（四）大办食堂求"共产"

从1958年下半年到1960年初，全县农村的公共食堂不但由初期的每日一餐之农忙食堂扩展为一日三餐、一年四季的常年食堂，而且由集中补贴劳动力的专用食堂拓展为男女老少自带碗筷人尽可食的全民食堂。全县农村的公共食堂最高潮时达到了1 097个，就餐人数达16.8万人，占农村人口总数的71%，顶峰时达到占总人口的85%以上。

（五）"解放"妇女办托幼

为了充分发挥妇女的"半边天"作用，把更多的妇女从家庭的琐事中解放出来，充实生产第一线，县委提出每个生产大队、生产队都要建立起托儿所、幼儿园并一律享受免费，所需的费用统由各公社负担。全县共建托儿所990个，幼儿园745个，聘用保姆2 846人。

为了体现人民公社的优越性，全县农村普遍实行了"三免费"，即全民理发免费，全民做成衣免费，小学生寄宿、就餐免费。

（六）大办教育育人才

随着工业、农业战线的大办、大上，教育战线的发展更是突飞猛进，按照"一天等于二十年"的目标要求，大办教育多出人才，快出人才，出好人才。

小学：1958年，全县建民办小学223个班，招生12 470人，在校生达41 086人。因超出客观实际，发展速度过快，造成了师资、校舍、设备、资金等方面出现紧张，致使教育质量下降。

中学：在"两条腿走路"办学方针指导下，全县有11个公社创办农业中学。县城又增加民办普通中学1所，招收两个班。至1959年，全县拥有完全中学1所、初级中学3所，在校生2 367人；农业中学12所，学生906人。

大学：1958年，依安县建立依安大学。招收初中或相当初中文化程度的社员、工人、干部计200人，教学人员60余人。学制3年，学习文化课和专业课。设农业、林业、畜牧兽医、卫生等专业。至1959年7月停办，少数学生转入依安师范，大部分学生回原单位工作。

师范教育：1958年，招收3年制中师班3个，学生150人；初师班学生1 053人（由龙江县转、并来部分简师班学生）。校名改称依安师范学校，隶属于嫩江地区行署。

（七）大办文化事业创繁荣

中共依安县委为适应"大跃进"形势的需要，满足广大人民群众对文化事业的日益渴求，以鼓干劲、争上游的精神，借搞会战、促落实的典型手法，狠抓了全县的文化繁荣工作。

群众文艺活动：依安县成立了共产主义教育文工团，以歌舞为主，有演职人员30余人。除了宣传党的总路线、总任务，还根据当时"大跃进"运动的进展情况，及时宣传县委、县政府总结的依安县所谓的"十大变化"。

县商业系统"跃进之花"剧组成立。自编自排反映"大跃进"的主题话剧《跃进风雷》，参加黑龙江省财贸战线业余汇演，获集体优秀表演奖。有5名演员获个人表演奖。

电影放映工作：1958年，县里将电影放映工作下交到公社一级，全县成立了依龙、三兴、宝泉（阳春）、双阳、奎东（先锋）、中心、泰东7个放映队，负责全县12个公社、24个管理区、178个生产大队、1 051个生产队的电影放映，使社员群众每半个月就能看一场电影，活跃了农村的文化生活。

图书发行：1958年，新华书店增设门市部、旧书回收部和图书租借处。农村12个人民公社成立了民办书店，实行经销包退的办法，扩大销售量。被黑龙江省新华书店部店命名为"红旗书店"。

报刊发行：1956年，创办了中共依安县委机关报——《依安报》。人员20人，初为3日刊，8开2版；后改为双日刊。1959年1月，改为《依安日报》，4开4版，内容除转载中央重要消息外，主要报道地方在"大跃进"方面的内容，发至机关、企事业单位和农村管理区等，总发行量达万份。1959年停办。

有线广播：1958年，县广播站在农村各人民公社均设立了广播站。1959年，广播通至管理区，全县架设广播专线65公里，进入农户小喇叭17 500只。

（八）大干快上搞革新

为了顺应"大跃进"运动飞速发展的形势，尽快实现县委提出的"十化"县之一的机械化，开始在全县范围内掀起了大搞技术革新的热潮。

1958年4月17日，依安县工具改革检阅大会在县人民广场召开。参加会议的有各农业社主任、改革农具代表、发明创造者550多人。检阅的机具有农具、水利工程工具、生产用品、工具设备等100多种新产品。其中比较突出的有新发乡杨景文创造的双垄糠耙机，作用和效能是集耕糠、点播、滤粪、播种、培土、镇压于一体，3人3畜每天可播种54亩；农民乡农民村丛占德创造的播种机，可开沟、点种、滤粪、培土，每天可播72亩。

在开展技术革新检阅之后，县委还于1958年8月8日，举办依安县能工巧匠比武大会；9月15日，举办了依安县大闹技术革命庙会。这些活动的开展推动了技术革新向纵深发展。

1960年4月，全国商业支援农业技术改革巡回现场会议，在依安县召开。县委第一书记张风在会上介绍"工商协作武装农村，支援农业技术改造"的经验。同时，全县在黑龙江省工具改革展览比武大会上，展出改革工具10种40台（件）。

据统计，全县在整个"大跃进"期间大搞技术革新运动中，共创造、发明各种生产、生活工具达128种2 275台（件）。

第三节　建立人民公社

1958年8月20日，党中下发了《关于在农村建立人民公社的决议》。中共依安县委响应党中央号召，于1958年8月25日召开县委常委扩大会议，传达中央精神，统一思想认识，专门研究制定了建立人民公社的工作规划和方法、步骤。

经县委常委研究拟定一乡（镇）一社，乡社合一，一套班子，一套人马。将217个农业社组建为16个人民公社。每个社平均2 935户，180 945亩土地。在这个规划中，本着既从当前出发，有利于生产，便利于群众；又考虑了将来，有利于农、林、牧、副、渔全面发展和工、农、商、学、兵更好结合的原则。组建公社时都以现有的小集镇或乡镇政府所在地作为新建人民公社的政治、经济和文化中心。

至1958年9月，建立了依安镇、依龙镇、泰东、通宽（上游）、泰富（1960年6月25日改为新屯公社）、新兴、三兴、中心、双阳、富饶、宝泉（阳春）、奎东（先锋）12个人民公社。1961年4月，建立了解放、兆祥（红星）、庆丰、德胜（向阳）、新发5个人民公社。1962年3月，增设向前人民公社。全县先后三批共建立了18个人民公社，比原规划多建立2个公社。

建成后的人民公社管理模式：行政管理实行公社、管理区、大队、生产队四级管理。组织管理实行"三化"，即组织军事化、行动战斗化、生活集体化。各级组织按照军队序列，分别以团、营、连、排的军事建制形式出现。劳动力统由公社调动，实行大兵团作战。全县共建18个团，224个营，1 310个连，3 012个排。

1958年9月20日，中共依安县委根据上级精神，制定了《关于建立人民公社中的经济处理方案》。明文规定人民公社社员在加入初、高级社时随身调入社内的车马变价款、生产资料作价款等未偿还部分，一律归社支配并作为人民公社所有，今后不再予以偿还；对在社外暂时没有入社的富农的车马、生产资料一律交归公社，作为公社所有，今后亦不再偿还，并照数交纳公有化股份基金和生产费用；社员家庭的园田地，一律无偿交归公社；社员家中及未入社群众家中的马、牛、骡、驴、绵羊、母猪一律作价归公社；除房前屋后零星果树、树木外，所有大片成排的（半亩以上）林木一律归公社所有；社员或群众的房屋除自用外，凡是出租部分，亦悉数归公社集中经营和统一管理。

1959年11月，第一批建立的12个人民公社经过一年多的运转，有待于进行回头总结。中共依安县委抓住这个时机，进一步宣传总路线、"大跃进"、人民公社三面红旗的胜利，总结了人民公社所谓的"十大优越""十大空前"，并在全县广泛宣传。

1960年3月24日，中共依安县委为了早日实现农村工业化的目标，召开了全县农村实现工业化工作会议，对各公社实现工业化提出了"十二条龙"的标准和建立以"十大联合工厂"为中心的大办工业化的要求。据统计，在整个工业化进程中，全县各公社共上马项目40多项，引进各种设备32种1 230台（件），价值136多万元。兴办起各种工厂达980多个。

全县建立人民公社后，"工业化"的帷幕刚刚落下，以"共产风"为主的"五风"（共产风、浮夸风、瞎指挥风、强迫命令风、干部特殊化风）又开始在全县城乡兴盛起来。

1958年秋冬时节，党中央觉察到"大跃进"、人民公社化运动中的"左"倾错误给发展经济和社会稳定带来了一些明显的不利因素，于是在11月2日至10日着手纠正。

根据中央精神和省委指示，中共依安县委于1959年3月22日至4月2日，召开了县、公社、生产大队、生产队和生产组长参加的五级干部会议。参加会议的人员达5 325人，是本县历史上最大的一次会议。依安全县从上至下开始纠正"左"倾错误。县委第一书记张风结合实际，总结检查工作，揭露出全县存在的平均分配，权力过分集中，生产资料变相归公，劳动协作不等价交换，干部强迫命令及"共产风"等问题。针对存在"一平二调三收款"的"共产风"和平均主义倾向，会议作出了13条规定，对平均主义和权力过分集中问题进行了纠正。

第四节 严重经济困难

从1959年开始到1961年的三年间，正处于"大跃进"后期，依安县连续遭受春旱、夏涝、秋早霜等自然灾害，致使粮食大幅度减产，个别地方甚至颗粒无收。加之继"大跃进"以来发生的瞎指挥、浮夸风、穷过渡和高指标、高征购等错误，造成粮食的全面紧缺，口粮、种子尚且不足，人民群众的生产、生活陷入极端之窘境。据档案记载，1959年，全县粮食平均亩产为43.5公斤；1960年，减为38.5公斤；1961年，减至36公斤。粮食减产导致供应不足、食物短缺，全县人民食不果腹。

县委、县政府采取多种措施，和全县人民共渡难关。

（1）从端正各级领导干部战胜困难的态度和信心抓起。严酷的现实使县委一班人清楚地认识到，面对这场天灾人祸，首先需要把各级领导干部的思想统一起来，提高认识，让他们树立起战胜困难的勇气和决心。县委、县人委多次召开县、社、区三级干部会议，迅速转变工作作风，深入实际、深入群众，设身处地与群众同甘共苦，共渡难关。各级干部纷纷深入食堂、深入田间同群众同吃同劳动。白天同耕一块田，晚上同吃一锅饭。按职分责，划片包干，挨门逐户访贫问苦，促膝谈心，及时发现困难，就地解决问题。拉近了党和人民群众的关系，增进了党群、干群之间的感情，增加了群众战胜困难的信心和勇气。

（2）从提高广大人民群众的思想觉悟，正确对待生活中的暂时困难切入。中共依安县委、县人委及时召开各公社党政主要领导会议，部署和号召在全县范围内向广大人民群众宣传战胜暂时困难、树立全国一盘棋的思想，团结一心，众志成城，为国分忧，共渡难关。全县各公社、各管理区、各生产大队要成立生活领导小组，切实安排好群众生活，不允许富饶公社兴隆管理区的悲剧重演。特别是对鳏寡孤独人员，要有专人负责，定期进行探访，发现问题及时解决；要充分利用好群众手中仅有的一点粮食，全党动手、全民动员、发动群众大搞代食品，做到低标准瓜菜代。

"精神的力量是无穷的。"就是在这种严重经济困难、生活拮据、自顾不暇的情况下，在依安县广大农村，却不乏一些闪光的事迹出现。例如，依龙公社新立生产大队第四生产队，1959年秋收以后，生产队将预留明年作种子的玉米穗分发到各户储藏，到翌年春耕回收时，虽然食不果腹，饥肠难耐，但分散各户保管的玉米种子竟然一粒没掉，一穗没少！再有，新屯公社腰心生产大队第三生产队，在那种吃上顿没下顿的状态下，生产队贮存的三大窖计10多万公斤的土豆种子，竟然没有一个人去拿！又有，解放公社团结生产大队第一生产队，生产队用来饲喂牲畜的饲料豆饼，虽然人们整天都是饥肠辘辘，居然一块没丢！

另外，在整个三年严重经济困难时期，全县城乡没有发生一起哄抢集体财物事件。路不拾遗，夜不闭户，社会秩序宁安井然。

（3）把各级党政组织保证群众吃饱、基本吃好当作一项政治任务来推动。从困难发生的那一天开始，中共依安县委就把人民的冷暖、群众的危难时时刻刻挂在心上，并全心全意地投入到解决群众疾苦，保障人民生活中来。1961年初，县委组织了以第一书记张风为首，包括县委常委、县委委员、各部、办、委、局长以及工、青、妇等群众团体主要干部参加的、有1 282人组成的生活访问团下辖4个分团，由县委书记处书记带队，对4个规模较大的奎东（先锋乡）、通宽（上游乡）、依龙镇、依安镇等公社进行调查走访。其中就地解决处理836件，占总数的66.5%。

（4）将采取积极有效措施，切实解决人民群众的吃饭问题作为工作的终极目标。县委为解决和安排群众的生活困难，特别是吃饭问题，千方百计，不遗余力。

努力办好集体食堂 为进一步办好食堂，县委向各级党组织提出了"政治进食堂，书记下伙房"的口号，要求党委书记、支部书记不但要亲自挂帅出征，深入食堂、办好食堂。1961年初，全县就有党委书记、支部书记达262人次进了伙房，对群众的意见和工作中的问题及时予以解决，使集体食堂面貌大大改观。为使公共食堂能平衡发展，为生产生活服务，还重点抓了三类食堂

（饭菜质量差、品种单一、卫生条件差等）的整顿工作。选派82名干部去担当三类食堂的管理员。在办好食堂方面，全县推广了奎东（先锋）公社长山管理区的先进经验，即领导干部进伙房，组织炊事员学习时事政治和烹饪技术，调剂饭菜花样，每周饭菜不重样，粗粮细做等，收到了很好的效果。

推广"粮食增量法" 为了缓解粮食紧缺的危机，县委按照齐齐哈尔市委的部署，首先在城乡集体食堂中选派216名有做饭经验的人，由主抓农业的书记处书记孙耀宗和主抓农业的县委常委王永清带队，到齐齐哈尔市参加市委召开的"市公安局粮食增量法"现场会议。（所谓"粮食增量法"就是在做饭时，采取多加水、添加淀粉、蔬菜等，使粮食增量，从而提高出饭率）。参加会议的人员通过现场看、听、尝、做，很快掌握了这一新技术。"粮食增量法"不仅缓解了粮食短缺的现状，而且使群众基本能够吃饱。

大搞代食品 县委积极贯彻中共中央关于"低标准、瓜菜代"（降低口粮标准、以瓜菜代替粮食）的精神，1960年3月28日，县委在依龙公社召开代食品生产现场会议，推广该社"利用玉米叶煮烂，用搓衣板搓出淀粉；将玉米穰粉碎经过滤细末制出成品"的做法。又于是年12月7日在三兴公社东兴生产大队召开现场会，推动其男女老幼齐上阵，利用"三专"（专人领导、专业分工、专门设备）、"三定"（定任务、定质量、定时间）的做法，大搞代食品生产。截至1961年5月，全县城乡共有23 278人组成专业队伍，建成代食品加工厂249处，生产各种淀粉达10个品种计1 237 000公斤，全县农村90%以上的人口吃上了代食品。

大搞代食品生产，是中共依安县委在三年经济困难时期，放手发动群众、尊重群众首创精神的产物。它既反映了广大人民群众的聪明才智，又使人民群众凭借这一发明创造，维持在最低温饱线上，保证了最低的生存需要，为共渡暂时经济困难起到了至关重要的作用。

第五节　中共依安县第二次代表大会

面对举国上下掀起更大、更猛、持续"大跃进"的高潮，为认真总结和客观分析取得的成就和工作中的不足，研究和解决存在的突出问题，安排和部署下一步的工作任务与指标，中共依安县委于1959年2月11日至16日，召开了第二次代表大会。出席会议的代表276名，代表着全县4 321名党员。大会听取了县委第一书记张风所作的题为《继续鼓足干劲，为实现以农业生产为中心的更大、更好、更全面的跃进而奋斗》的工作报告。与会代表热烈讨论、踊跃发言、认真审议，一致通过了这个报告。并相应作出了《关于中共依安县委工作报告的决议》。

大会选举产生了中国共产党依安县第二届委员会。新选出县委委员25人，常委13人。选举张风为第一书记。

第十四章　十年社会主义建设成绩

第一节　农业经济长足进步

以1957年为基期，到1965年，全县农业总产值增长49.5%；粮食产量增长12.9%。畜牧业大牲畜增长8.8%；绵羊增长318%；生猪增长132.2%；农用拖拉机（保有量）增长56.4%；拖带农机具增长61.8%。林业造林面积增长56.7%；育苗面积增长62.3%。渔业鱼产量增长34.5%。农村人均收入增长63.2%。农村由于各项政策得到落实，充分调动了广大基层干部和社员的积极性，全县人民团结一致，努力拼搏，战胜了自然灾害，克服了难以想象的困难，使生产力迅速得到恢复和发展。粮食产量逐年增加。到1966年，粮食产量达到24 201万公斤，比1957年增长106.3%，达到历史最好水平；平均亩产为105公斤，首次突破百公斤大关。1966年，全县农业总产值达7 543万元，占工农业总产值的88.5%。在农业总产值中，农业产值为6 103万元，占81%；其次，畜牧业产值占的比重较大，1966年，为723万元，占农业总产值的9.6%，比1957年增长41.3%。

林业、渔业、副业也都有很大的发展。其中渔业1966年的捕捞量达到千吨，比1957年增长83%。

第二节　工业生产稳步增长

在1958年到1965年的八年中，基本建设投资完成1 712万元，其中工业部门完成327万元。到1965年，工业总产值增长31%。工业主要产品中，发电量增长4.8倍，红砖瓦增长4.5倍，机制纸增长2.4倍，各类米加工增长3.7倍，服装增长4.1倍，土（瓦）盆增长1.6倍，车马挽具增长11.8倍，柳条编织品增长2倍，铁锅增长2.1倍，木制农具增长4.2倍，木制家具增长3.5倍。并且新增加了面粉加工、铁农具制造、乳制品、糕点等16个工业主要产品。

全县工业企业经过认真的整顿调整，面貌焕然一新。在工作中认真贯彻执行"三就"（就地取材、就地生产、就地销售）。"四为"（为农业生产服务、为城乡人民生活服务、为工业服务、为出口服务）的方针，立足本地，面向农村，尤其是加大了为农业生产服务的比重。1965年，全县生产的400余种产品中，有75%以上销售于农村。其中属于生产资料的小型农具有160余种，比1957年增长4倍。同时还大搞技术革新，试制成功了玉米脱粒机、"五五型"脱谷机、谷子宽播机等65种适合农业生产的新产品，既节省了人力物力，还减轻了农民的生产劳动负担，深受农民的欢迎，也给企业带来了可观的经济效益。

全县的工业企业还不断吸纳技术人才、更新设备、提高产品质量，生产出了走向全省、全国，甚至走出国门的优质产品，提高了依安县的知名度。依安淀粉厂生产的"冰山牌"（外销称"雪山牌"）马铃薯淀粉，质量超过英国，赶上荷兰（"风车牌"马铃薯淀粉），打入国际市场，畅销欧洲及马来西亚等地。依安县工艺美术厂生产的贴金镜条先后同苏丹、叙利亚等地签订出口合同，创外汇达10多万美金。依安县棉织厂生产的印花床单被评为黑龙江省优质产品。依安星火食品厂生产的"星火牌"糖果闻名全国，相继进入北京、天津、湖南、四川、西藏等16个省、直辖市、自治区的市场。1966年，全县工业总产值达到1 821万元，比1957年的588万元，增长3倍多。

第三节　商业贸易空前活跃

1958年到1961年四年间，农副产品收购总额比一五计划期间增加3.1倍。1965年，生猪、鲜蛋、菜牛、菜羊、家禽的收购量比1962年增加几倍，甚至十几倍。就是在受某些商品减少影响的情况下，社会商品零售额仍是逐年稳步上升。1958年到1965年八年中，社会商品零售总额平均每年比1957年上升33.8%。

商业、供销系统，认真贯彻"发展经济，保障供给"的方针，市场供应明显好转。1966年，城镇居民按人定量供应猪肉，尽管不够充足，但紧张状况毕竟有所缓解。农村则实行奖售猪肉的办法，即农户卖给国家一头生猪，按比例奖售给一定数量的肉票，为方便农民吃肉，农村均设立了猪肉供应点，解决了农民吃肉难的问题。市场上各类商品价格均呈回落趋势，部分商品基本上降到1957年的价格水平。由于市场供应不断好转，1966年7月15日，高价糖果、高价糕点正式改为平价，对烟酒等物资价格也作了下调，有的已接近平价水平。这样就大大地提高了城镇农村的购买力，活跃了物资交流，繁荣了城乡经济，方便了群众的生产生活。

第四节　教育、文化、卫生等发展与进步

大力发展教育事业　中共依安县委认真贯彻执行中央提出的两种教育制度和两条腿走路的方针。从1961年到1965年积极推行半农（工）半读的教育制度，大力开办了耕读小学和半耕半读的农业中学。1966年，全县建耕读小学632个班，入学儿童16 201人。农业中学11处，在校生906人。全县基本做到上高小不出大队，上初小不出屯。不仅解决了农村中小学入学难的问题，而且为农村培养了大批实用人才。到1966年，全县各类学校增至415所，比1957年增加197所；各类班级增加到1 413个，比1957年增加720个班；教职员工发展到2 125人，比1957年增加1 193人。中学生达到6 511名，比1957年增加5 027人。并在全县范围内基本普及小学教育，在城镇基本普及中学教育。

文化事业繁荣活跃　从1957年起，全县的群众文学创作氛围深厚，日益活跃。各公社都相继成立了业余创作组，全县业余创作队伍达120余人。县文化馆每年组织作者深入基层、深入群众、深入生活，进行采风，创作出一大批具有深厚的乡土气息、反映时代风貌的作品。并有30余篇诗歌、散文、中、短篇小说作品在市级以上各种刊物上发表。其中富饶公社兴良大队女社员聂淑芝（笔名默然）创作的短篇小说《在这片杨树林子里》发表在国家级小说刊物《丑小鸭》中。并得到了著名作家浩然的肯定和赞许。这篇小说的问世和发表，极大地鼓舞了全县的文学创作，为全县的文化繁荣吹响了号角。

这一时期的戏剧也取得了可喜的成绩，县评剧团积极演出一大批古装戏和革命现代戏。除了在县城剧场演出外，每年还抽出

大部分时间到农村巡回演出。仅1965年就下乡180多天，演出200余场，观众达23万多人次。

到1965年，全县电影放映队已发展到10个，坚持常年在农村巡回放映，解决了农民看电影难的问题。

卫生工作长足进步 到1966年，县、公社、生产大队已经健全了县级医院、乡（镇）卫生院、大队卫生所三级医疗机构。医疗队伍不断扩大，医疗水平也有很大提高。县人民医院先后购置了X光机、心电仪、超声波诊断仪等医疗设备，并能承做一些较大的手术。全县有病床786张，比1957年增长近4倍。

到1966年，培训农村卫生员和接生员1 247人。其中，卫生员976人、接生员271人，基本实现了队队有卫生员，并且都配备了卫生箱和接生箱。经过培训，绝大多数卫生员都掌握了农村地方病、多发病、常见病的防治技术，能协助当地医务人员开展计划生育指导工作和治疗各种疾病。

为了全面贯彻"预防为主"的方针，农村各地响应县委的号召，广泛开展了以改善环境卫生、改良水质、除害灭病的群众爱国卫生运动。城镇以城粪下乡为重点，狠抓清扫保运和垃圾外运工作。农村结合积造粪肥，改修猪圈1 407个，并采取各种办法开展了除"四害"活动、加强食品卫生、预防食物中毒和农药中毒等项工作。为加强对地方病的防治，许多病区打了改水井76眼。1965年，依龙、富饶、中心、德胜（向阳乡）等公社，共打机井38眼，使群众饮用上低氟水，有效地控制了地甲病。

人民生活水平明显提高 1958年，农村人均收入仅为50元，到1966年增加到108元。由于收入不断增加，物价不断下调，农民生活有了很大改善。有不少社员盖了新住房，有的购置了"四大件"（缝纫机、自行车、收音机、手表）。

城镇居民的生活水平，尤其是干部职工的生活水平要比农村和农民相对高一些。职工家庭拥有手表、缝纫机、自行车、收音机的数量要比农民高出好几倍。1966年，县城部分职工住上了公房，进一步改善了居住环境。部分职工还有一定数量的存款。整体经济较之1957年有了很大的改观。

这期间，政通人和，社会稳定，风气良好，真可谓"路不拾遗，夜不闭户"。广大人民群众通过学习毛泽东思想，学习雷锋等先进模范人物，为人民服务、为他人服务的思想已深入人心。特别是青少年助人为乐、扶老携幼、拾金不昧、见义勇为等好人好事层出不穷。不良风气和不良行为被广大人民群众视为过街老鼠。社会的刑事和民事案件都处于较低的水平。1966年，全县的刑事案件仅有29起，且没有大、要案；民事案件82起。这种良好的社会治安环境，既反映当时人民生活的好转，又反映了人民群众思想觉悟的提高。

第五节　"十年动乱"与历史转折

1966年5月16日，中共中央发出《中国共产党中央委员会通知》（即"五一六通知"），中共依安县委于6月24—25日召开了县委常委扩大会议，成立了依安县"文化大革命"领导小组。1967年3月30日成立依安县革命委员会。1968年初，依安县成立县工代会。从1968年3月，依安开始了"清理阶级队伍"、开展"革命大批判"、"整党建党"、"一打三反"、"批林整风"运动、"农业学大寨"等一系列运动。

1976年10月，党中央粉碎了反革命集团的阴谋，结束了十年"文化大革命"。中共依安县委、县革委在依安人民广场举行庆祝活动。

1979年先后成立了"审干办公室""改右办公室"和"整改办公室"，对全县的冤假错案进行了逐一处理。

1978年12月18日，中共中央十一届三中全会在北京召开，标志中国共产党开始了新中国成立以来具有重大意义的历史性转折。

为了传达、学习、贯彻好中共十一届三中全会精神，中共依安县委从1979年8月开始，先后召开县委常委会议、县直各系统、各部门领导会议、各公社主要负责人会议以及三级干部会议等各种会议，反复认真传达学习《中共十一届三中全会公报》《中共中央关于加快农业发展若干问题的决定（草案）》和《农村人民公社工作条例（试行草案）》等重要文件，紧紧抓住"全党工作着重点转移"这个中心，反复加深对实现全党工作着重点转移的伟大和深远意义的理解。

党的十一届三中全会后，实行了全党工作重点的转移，依安县广大农民的生产积极性非常高涨。面对全国农村改革的大潮，县委在农村政策的探索中，首先从上到下实行了岗位责任制。从县委书记到生产队长，从干部到社员群众层层建立了岗位责任制。

不同形式的生产责任制的实行，初步解决了分配上的平均主义和多年来形成的依赖思想。农民的生产积极性随之提高，精神面貌也发生了变化。全县首次出现了12户年收入万元的农户，农村人均收入达到了116元，粮食总产突破了1.8亿公斤，亩产达到了92公斤。落实农业生产责任制带来的经济效益，使干部群众进一步提高了认识，为全面推行家庭联产承包责任制奠定了基础。

对工业企业进行整顿，巩固提高工业生产的总体水平。1976年后，县委将"工业学大庆"的重点转到整顿提高工业企业上来，恢复和完善各种管理方式和各项规章制度，调整各项经济指标，建立健全各种生产岗位责任制。广泛开展扭亏增盈活动，建立财务会审和产品核算制度。进行工业产品大检查，提高产品的合格率，减少生产成本。这些措施对全县工业生产的发展起到了保障和促进作用。1978年，全县工业总产值实现5 840万元，比1976年提高22.7%；1979年达到6 918万元，比1976年增长45.3%。

科学技术协会开始恢复和开展工作。由于"文化大革命"的干扰破坏，县科学技术协会一度停止工作和活动。1978年12月开始恢复组织。1979年3月15日至16日，召开了依安县科学技术人员第二次代表大会，选举产生依安县科协第二届委员会。复建依安县科学技术协会（简称科协）。同年末，相继建立了农学、林学、水利学、农机学、医学、轻工学、通讯学、地理学、物理学、理科学、环保学、建筑学、机械学、青少年辅导14个专门学术组织，会员达到1 112人。先后举办英语、日语等学习班和科技讲座及各种训练班179次，放映科普影片100多场，观众达4.5万人次。

恢复和发展文艺和文化事业。粉碎"四人帮"后，文艺工作者被解放。他们以极大的政治热情，对传统评剧进行改革，把传统表演方式与现代歌舞相融合，创作出一批群众喜闻乐见的表演节目，使文艺舞台面目一新。

县文化馆、图书馆也相继恢复了工作，对观众和读者开放。对繁荣文化市场、陶冶人们的道德情操、净化心灵起到了积极的作用。

粉碎"四人帮"到党的十一届三中全会胜利召开的两年多时间里，中共依安县委按照上级的部署，坚持实事求是的思想路线，以真抓实干、求真务实的工作作风，带领全县广大党员、干部和人民群众，认真学习、贯彻落实党的一系列方针政策，在实现全面拨乱反正和全县工作重心的转移中意气风发、大踏步地迅跑。

第十五章　新时期依安县经济社会发展概况

第一节　改革开放依安县的经济发展

一、农业经济高速发展、良性循环

依安县曾经是国家级贫困县，20世纪90年代以前，农业生产十分落后，基本上是靠天吃饭、不及温饱。粮食产量不足百斤，农村人均收入只有91元。很多都是"生产靠贷款、吃粮靠返还"的贫困村，全县贫困人口占总人口的51%。改革开放以来，在党的十一届三中全会精神指引下，依安人敢想、敢闯、敢试，农业生产和质量效益发生了翻天覆地的变化。从1983年开始，按照中央的精神和省里的统一部署，依安县在农村逐步开始了改革的进程，全县18个乡镇没有像其他地方那样一哄而上分田到户大包干，而是从本县的实际出发，宜统则统，宜分则分，不搞"一刀切"，采取中央提倡的统分结合的双层经营体制。全县绝大部分乡镇将土地和生产资料经营权分给农民，由各家各户自主经营，县乡负责指导和服务，一小部分继续实行集体经营、年终分配的经营方式，如新兴乡新合村（原向前乡新合村）。即使新合村这样的特殊典型，也是统分结合的形式，即后来概括出来的新合模式——一村两制，全村三分之二的农户选择集体经营，三分之一的农户选择单干。

土地承包后，由于党在农村的政策深入人心，充分调动了农村干部群众的生产积极性，广大农民干劲高涨，农村各业稳步前进。1985年，全县粮食单产155公斤，总产达30 000万公斤，人均收入320元，交售商品粮12 500万公斤，是新中国成立以来卖粮最多的年份。畜牧业也有了新发展。在县委"近期抓猪禽、长远抓牛羊"的思想指导下，全县有计划、有步骤地调整了畜牧业在农业中的生产比例关系，涌现出一大批养畜养禽先进大户和专业村屯。1985年末，全县大牲畜存栏59 568头（匹），比上年增长9.8%。其中，奶牛存栏2 917头，增长29.8%，生猪存栏147 190头，增长2.5%。

1988年，全县农业在遭受严重自然灾害的情况下，总产值达到22 001万元，总收入22 381万元，人均收入350元；粮豆薯总产28 600万公斤，平均亩产133公斤。乡镇企业异军突起，实现产值7 573万元，收入7 158万元，实现利润398万元，上缴税金215万元，分别比上年增长40.5%、42.8%、31.8%、36%。世世代代土里刨食、靠天吃饭的农民，初步尝到了改革带来的实惠和甜头，看到了希望的曙光。

从20世纪90年代初开始，中共依安县委一班人调查研究、查找病灶，审时度势，提出了摆脱贫困、求强致富的"米稻战略"。"米稻战略的主要内涵是增米稻面积、创粮食高产、带养殖加工、促良性循环"。全县种植大垄覆膜玉米、大垄直播玉米100万亩，水稻旱育稀植10万亩，当年全县粮食总产翻番，最高玉米大王丁元冬种植的大垄覆膜玉米达到亩产1 000公斤以上，农民户均纯收入增加一倍。其创造的玉米大垄覆膜技术，水稻盐渍土种植模式在全省推广，闻名全国。由于这两项农业技术采取了精耕细作、科学管理，实现了高产高效，1995年，连续被中央人民广播电台、中央电视台新闻联播隆重推出，并在依安县依龙镇召开东北三省第三积温带玉米种植现场推进会中进行了介绍与宣传。扩大了影响，提升了名气，并于当年摘掉了国家级贫困县的帽子。1996年，被农业部命名为"全国百名粮食生产先进县"。

进入新的世纪以来，依安农业采用连片种植、机械耕作等现代农业技术，农业生产突飞猛进，捷报频频，取得了辉煌成就，实现了历史性飞跃。

作为国家重要商品粮基地县，依安连续8次跻身于全国粮食生产先进县行列。自1996—2017年，先后被国家授予"中国白鹅之乡""中国紫花油豆角之乡"等荣誉称号。"依安大鹅""依安奶白花芸豆"被评为国家地理标志产品。依安马铃薯、大豆、水稻获得中"生态原产地"认证。

2017年，全县农业总产值实现68.03亿元，全县粮食产量达到140万吨，农民人均收入11 363元，农业信息化覆盖率在80%以上；农业科技进步率达到82%；农产品加工转化率达到39%；全县劳动创业带动就业人数已达167 000人，农民创业总收入250 000万元，带动就业人员人均收入16 000元。

2017年以来，依安围绕全县经济社会发展一以贯之地推进农业产业强县工程，进一步活存量、扩总量、提质量，农业对县域经济的支撑力进一步增强，形成了以糖、薯、鹅、蔬菜等农业产业集群发展的良好格局。薯产业发展迅猛。80厘米大垄栽培技术推广及普遍应用，原种研发扩繁面积增加，年总产达50万吨以上。2017年，又新建千吨以上的马铃薯仓储库6处，新增仓储容量30万吨，全县马铃薯加工能力达20万吨以上。年产淀粉2 000吨以上的规模加工企业达到5家，实现了马铃薯"产、繁、加、储、销"全产业链条发展模式。

二、工业生产态势良好，产业标杆、品牌效应声名远播

改革开放以前，依安县的工业基础，主要是围绕农业产品（食品）加工、农业机械修造等地方经济特色，缺乏高、精、尖等技术门类，由于受计划经济影响生产靠计划、产品有包销、发展靠贷款，产品大多是"皇帝女儿不愁嫁"。改革开放以后，特别是国家实行有中国特色的社会主义市场经济，企业竞争、行业竞争、市场竞争的形势和比重越来越大，企业亏损越来越多，压力也随之增大。如何解决在商品经济条件下企业的生存和发展问题，是县属企业特别是国营地方企业的重中之重。工业生产面临新的挑战。由于坚持"清左除旧、坚持改革"方针贯彻得比较到位，增产增收、减利因素在企业内部得到了消化，企业轻装上阵，逐步增强了活力。截至1985年末，全县工业总产值完成7 800万元，预算内国营工业实现利润105万元，为年初计划的122.3%，比上年增长12%，二轻企业利润完成35万元，是年初计划的140%，比上年增长20%。

通过简政放权、推行厂长负责制、完善经济责任制提高了企业素质。在9户企业推行了厂长负责制，企业内部理顺了党、政、工关系；完善了以承包为主要形式的经济负责制，打破了"大锅饭"，职工、干部的积极性空前高涨。

通过联合联营，发展横向经济联系，提高了企业竞争能力和竞争水平。1985年，有12户企业同省内15个大专院校、大中企业或科研单位进行技术合作或联营联合，引进6个产品，开发5个项目。同时，技术水平、管理水平明显提高，增强了竞争能力。

通过抓开发、抓改造，增强了企业后劲。改造了淀粉厂、水箱厂、乳品厂、啤酒灌装等18项技术项目，开发出油毡纸、印花

毛巾、混合饲料等新产品，狠抓产品质量，一级品率、特级品率及产品合格率不断提升，有的产品被评为省优。

1988年，全县工业总产值实现9 485万元，其中国营工业2 562万元，二轻工业2 008万元，均比上年有较大提升。

进入20世纪90年代以来，中共依安县委、县政府依据不断变幻的市场形势，敢闯敢试，抢抓机遇，实行了在于激活县域工业企业的"借转方略"，其主要内涵是借外力、培元气、转机制、活运行。通过"转轨、转型、转机制"解决企业体制僵化、产品老旧、竞争乏力的痼疾，利用"借人、借钱、借技术"，解决工业生产元气不足、后劲不足的问题。通过开发彩色玻璃、汽车水箱、幼砂糖、赤豆沙等名牌产品，使依安的工业焕发了生机，增强了活力，取得了较好的经济和社会效益，站在了改革的潮头。

依安县工业发展前景广阔。县委、县政府贯彻新发展理念，不断调整发展思路，逐渐走出了一条依据县域资源发展的全新模式。坚持陶瓷、食品、生化"三大产业"发展定位不动摇。省级经济开发区作用显现，陶瓷产业发展方兴未艾。目前已引进陶瓷生产及配套企业14家，产品涵盖建筑陶瓷、工艺美术陶瓷、日用陶瓷、特种陶瓷和紫砂产品，百佳居陶瓷、朗盛陶瓷、辽金源陶瓷、依烽特种陶瓷、牧龙王瓷业及紫砂原料加工、陶瓷模具制作等企业产销两旺，经纬瓷业高档地砖项目建成投产，为实现"北国瓷都"建设目标奠定了坚实基础。糖薯鹅"三增"势头强劲，食品产业蓬勃发展。闻名遐迩的依安大鹅依托水草资源优势，加大政策扶持，2017年出栏量140万只，全县万只以上养鹅大户8个，1 000只以上养鹅专业户30个，全县年可加工大鹅65万只，依鹤牌、依博源牌鹅制品畅销大江南北。玉米深加工企业鹏程生化公司年可加工玉米80万吨。引进厦门象屿集团，组建依安象屿农产公司，县内粮食仓储能力达到550万吨。同时，汇利薯业生产的"脆升升"牌薯条薯片出口日本、韩国及东南亚地区。以东方瑞雪糖业为依托，以机械化、规模化、市场化为发展方向，曾在全国轻工业部连续12年名列第一的依安糖产业实现了二次跨越、快速发展，机械化种植覆盖率达到75%。三大主导产业成为富民强县的重要支撑。经济发展正在向更加注重规模、质量、效益全面提升转变，新型产业体系已有稳固基础，县域经济进入全面振兴的新阶段。

叫响北国瓷都、中国五色土（北方紫砂）之乡、中国白鹅之乡、中国紫花油豆角之乡、"亮心大姐"家政服务"五大"品牌。目前"五大品牌"的产品销售及家政服务，作为依安的五张名片已经走遍大江南北，深入千家万户。

三、科教文卫强力提升、进步迅猛

改革开放以来，特别是2017年，依安县围绕县委"35810"总体工作要求，以深入实施乡村振兴战略为主线，全力推进农村文化建设、产业发展和美丽乡村建设，这些工作取得了阶段性成效。2017年，依安荣获国家体育总局"全国群众体育先进县"和"全国全民健身操比赛第一名"两项国家级殊荣。大力建设活动场所，积极打造文化品牌，扎实开展文化活动。目前全县有群众文化体育大院570个，涵盖了依安县15个乡镇的所有村、屯、组，内容包括健身操、大秧歌、小剧团、文学社及农家书屋、电影放映等文体活动，并在活动中着力培养、大力支持和努力打造属于自己的、带有浓厚乡土气息的农民诗社、乡村剧团、剪纸群体，鼓励他们走出田野、走出家乡、走向全国。近十年来，依安的诗词数十次在省、市乃至国家级诗词大赛中斩获头奖，为家乡展示了风采，提升了名气，树立了形象。诗词创作已经成为依安的又一张靓丽的名片。

卫生教育事业发展较快。投资数亿元、高达15层的县人民医院综合楼已经启用，救死扶伤、春风化雨；新建的11所乡镇中小学综合楼正在开课讲学，重教育人。

四、民生福祉显著提高、态势良好

全县人民生活水平不断迈上新台阶。公共财政民生支出由1985年的1 000万元、1990年的3 000万元增加到2015年以来连续三年年均超过23亿元，占全县GDP的30%以上。城乡居民社会养老保险从无到有、由小及大，2015年实现全覆盖，基本医疗保险参保289 000人。建档立卡贫困户产业扶贫成效显现，"两不愁、三保障"短板正在补齐，"三通三有一整洁"预期目标正在努力实现。2015年以来，城镇棚改受益居民2 380户；新改扩建城区道路23条，环境整治成效明显；公路建设从20世纪80年代的砂石路、柏油路、水泥路发展到北富高速穿城而过，结束依安没有高等级公路的历史。民生建设开始向整体对接全面建成小康社会、不断满足人民群众美好生活新需要转变，人民生活质量进入了全面提高的新阶段。

五、改革开放全面推进、扎实有效

政府职能"放管服"改革有序推行，商事制度改革成效明显；农业和农村改革扎实开展，水利管理体制和"河长制"改革走在全省前列，农村产权制度改革开始试点，农村土地承包经营确权登记全面推进；职业教育、司法体制等社会领域改革不断深化。对外开放取得新成果，2017年9月，成功举办以"陶风瓷韵·炫彩依安"为主题的首届"中国·依安陶瓷文化艺术节"，八方宾客云集依安，艺术节期间共举办了黑龙江省陶瓷行业协会换届大会、陶瓷文化产业项目招商推介会暨合作签约仪式、艺术大师创作交流会、陶瓷文化产品展销会、"工匠杯"陶瓷紫砂创意制作大赛、首届中国·依安陶瓷文化艺术节闭幕式暨"辽金源杯"五色土之韵全国诗词楹联大赛等16项系列活动。签约项目6个，吸引投资2.2亿元。依安五色陶制品亮相第十二届深圳文博会；首次举办齐齐哈尔市陶瓷艺术大师评选活动；首次举办中小学陶瓷艺术体验夏令营活动，依安风采走向全国，"北国瓷都"名片更加靓丽。

第二节　党的十八大以来依安县发展主要成果与前景展望

一、招商引资硕果累累

从20世纪90年代依安县实行以借外力、培元气、转机制、活运行主旨的"借转方略"以来，就把招商引资工作纳入了促进县域经济发展的常态，并取得了较好的效果和成绩。党的十八大以来，依安县的招商引资工作又上了一个新的台阶。

栽下梧桐树，引得凤凰来。通过建设陶瓷工业园区，引进来自于福建、浙江、江西、湖南等地的百佳居陶瓷、朗盛陶瓷、辽金源陶瓷、依烽特种陶瓷、牧龙王瓷业及紫砂原料加工、陶瓷模具制作等企业，引进玉米深加工企业鹏程生化公司年可加工玉米80万吨。引进厦门象屿集团，组建依安象屿农产公司，县内粮食仓储能力达到550万吨。同时，汇利薯业生产的"脆升升"牌薯条薯片出口日本、韩国及东南亚地区。

为了巩固和扩大招商引资的规模，进一步推进招商引资的力度，走好招商引资这一上项目、强产业、增后劲的有效路径，破解县域经济规模总量小、立县大企业少、财税贡献率低、发展质量不高的现状，依安实施了一系列重要举措。2019年上半年，由县级领导带头走出去招商20余次，共谋划产业项目17个，已开工14个，年度计划完成投资13.7亿元，其中5亿元以上的项目2个。在全县上下掀起了新的一轮招商引资新高潮。努力形成大项目"顶天立地"、小项目"铺天盖地"的产业格局。在具体运作上，一是坚持以上率下招商。县级领导要始终瞄准产业项目，扑下身子、放下架子、挑起担子，亲自抓项目、主动谈项目、带队找项目，有步骤、有计划地走出去开展招商活动，紧盯亿元以上大项目，着力引进建链型、补链型、强链型企业。各乡镇、县直部门坚持"一把手"抓招商，结合脱贫攻坚、乡村振兴等重点工作，积极投身到招商引资、招商引智中来，全力抓产业、上项目、扩财源，增强发展动力，激发振兴活力。二是坚持借力招商。涉及大项目、大企业的招商要主动向市级领导和市相关部门汇报，勤请示、勤沟通，利用各方资源和力量推动招商。要积极与农业科研院所、各类商会协会深入联系，广泛收集信息，力求引进市场竞争力强、产品附加值高的好项目、大项目。三是坚持定点定向招商。通过深入开展"精准招商"行动，做到"普遍撒网，重点捕捞"，提升招商精准度和实效性。立足依安的资源优势和产业基础，围绕做大做强食品、陶瓷、节能环保"三大产业"招商，围绕糖、薯、玉米、鹅、猪、牛等精深加工延链补链招商，围绕主导产业空白点和上下游关联企业有针对性地招商，围绕打造百亿级工业园区招商，持续加大对新兴产业、高端产业、高附加值产业、高科技型产业的招商力度。四是坚持以商招商。充分发挥县内企业家、商会、协会、在外创业有成家乡人的主体作用，积极开展"引凤筑巢""引凤回巢"行动，广建关系、广开渠道、广搭平台。要加大项目信息挖掘力度，着力推动企业家解放思想，积极吸引客商与依安企业进行兼并重组或强强联合，走以资本引资本、以企业招企业之路。五是坚持依托节会招商。注重发挥各类平台作用，积极参加各种节会对外推介，依托9月份举办的第二届"中国·依安陶瓷文化艺术节暨首届鹅文化节"集中推介依安，推动更多项目签约落地。六是坚持用正确方法招商。学习从市场的角度研究市场，学会用企业家的思维与企业家沟通，确保大项目引得来、留得下、站得住。按照《依安县推进招商引资和产业项目建设工作实施意见》的要求，通过招商引资引进一批项目、吃透政策向上争取一批项目、谋划论证储备一批项目，全面落实好2019年全县招商引资工作任务。

二、精准扶贫取得突破

20世纪90年代以前，依安县曾经是国家级贫困县。县委自1990年开始实施"6212温饱工程"，即全县种植玉米60亩，单产200公斤，总产12万吨；"5516开发工程"，即水稻5.5万亩，甜菜纸筒育苗1万亩，烤烟6 000亩，尤其是旨在脱贫的"米稻战略"（增米稻面积、创粮食高产、带养殖加工、促良性循环，使得依安县农村的温饱问题初步得到解决，但是按照新时期的国家标准还有一定差距。多年以来特别是党的十八大以来，依安县始终把扶贫工作作为县里中心工作的一项主要内容，坚持不懈，始终不渝。尤其是党的十九大首次把实现精准扶贫作为一项战略性部署写进了大会报告之中，成为"三大攻坚"的重要内容。依安县把脱贫攻坚作为重大政治任务和第一民生工程，县委、县政府以"依安县一日不脱贫就食不甘味、依安县一日不脱贫就寝不安席"的工作干劲，以极端负责的态度、壮士断腕的决心、前所未有的力度，强力推进政策落实、工作落实和责任落实。2017年以来，全县各级干部先后两次开展"走百村、进万户"转变精准扶贫工作作风大调研活动，查问题、找差距、抓整改、促提升，提高标准、严格要求、压实落靠责任，把脱贫攻坚工作同产业发展、乡村振兴、环境整治和美丽乡村建设有机融合起来。全力实施产业扶贫"半亩园、一亩种薯、百只鹅、千袋菌+乡村自有特色产业"巩固提升、光伏发电扶贫长效保障、金融扶贫撬动、培训就业带动、资产收益带贫增收"五大工程"，实现多层覆盖、交叉覆盖、全面覆盖。2018年，人均带贫增收895元。推进民生保障"六大行动"，完成饮水安全工程166处、改造农村危房8 085户，饮水安全和危房改造任务基本完成；发放各项助学金和生活补助125.3万元，1 470名义务教育阶段贫困学生无一辍学；全面落实健康扶贫政策，贫困人口就医平均报销比例达91.6%，贫困村卫生所全部达标；扶贫小额信贷实现应贷尽贷，户获贷比提高到47.6%；贫困人口最低生活保障实现应保尽保；"三支队伍"建设不断加强，全县涌现出一批扶贫工作先进典型，广大贫困群众内生动力明显增强，文明新风逐渐形成。54个贫困村全部出列，当年减贫1 158户2 264人，贫困发生率降至0.8%，顺利实现省级贫困县摘帽目标。

依安县虽已脱贫摘帽，但扶贫脱贫依然任务艰巨、任重道远。2019年是脱贫攻坚关键之年，按照三年行动规划，2019年，计划脱贫2 480人，2020年，剩余现行标准下农村贫困人口全部实现脱贫。为了实现这一目标，县里制定了层层责任制。一是坚持问题导向落实责任。要回到"两不愁、三保障""三通三有"目标原点看问题、解问题、改问题，围绕上级巡视巡察反馈问题，聚焦补齐集体经济、基础设施、能力不足、精神贫困等短板抓整改、促提升。强化县乡村"三级书记"主体责任，克服"松劲、厌战"思想，强化"打硬仗、啃硬骨头"意识，做到目标不变、靶心不散、频道不换、力度不减，扎扎实实把各项扶贫政策落实落细落靠。二是继续主攻产业扶贫软肋。紧紧依托县内主导产业和产业发展"六大目标"带动贫困户持续增收，继续实施"五大工程"。在种好"半亩园"上，推广红星乡互助村"种满种严小院"的做法，注重结合村情优势种出自己特色。深化与哈尔滨商业大学的县校战略务实合作，构建依安特色产品电商扶贫商城，打造黑龙江省扶贫合作新模式。全县建档立卡贫困户除正常土地收入外，年人均增收要保持在1 000元以上。

三、机构改革成效显著

按照党的十九大精神和国务院及省市统一部署，2019年1月24日下午，中共依安县委在五楼常委会议室主持召开中国共产党依安县第十六届委员会第五十一次常委会议。县委书记李拥军主持会议并讲话，县委常委出席会议，县人大常委会主任、县政协主席、县人大常委会副主任、县人民政府副县长、县政协副主席，各相关部门负责人、部分乡镇党委书记列席会议。会议研究并通过《关于〈依安县机构改革方案〉的实施意见》。会议认为，深化地方党政机构改革是推进国家治理体系和治理能力现代化的一场深刻变革，是关系党和国家事业全局的重大政治任务，对坚持和加强党的全面领导、践行"两个坚决维护"、系统性整体性重构机构职能、推进治理体系和治理能力现代化、破除体制机制弊端、加快依安县全面振兴全方位振兴高质量发展，具有十分重要的现实意义和深远的历史意义。

会议强调，全县上下必须站在全局的战略高度，切实增强推进改革的政治责任感、历史使命感和现实紧迫感，按照《依安县地方机构改革方案》和《关于〈依安县机构改革方案〉的实施意见》要求，强化责任担当，严明纪律规矩，把握好改革的原则方向、目标任务和方法路径，抓好关键环节，确保高标准高效率高质量推进地方党政机构改革。

　　会议要求，一要强化责任担当，切实履职尽责。县委深化地方党政机构改革工作小组要牵头抓总，系统高效高质量统筹推进各项机构改革任务。各乡镇、各部门要高度重视机构改革工作，党政主要负责同志要切实履行第一责任人的责任，真正做到靠前指挥、亲力亲为。全县党员干部职工都要讲政治、顾大局，服从组织安排，接受组织考验，以实际行动拥护改革、参与改革、支持改革。二要系统推进各项改革任务，做到蹄疾步稳。全县各级党组织要对照《改革方案》和《实施意见》细化任务，按照既定的时间表、路线图、任务书，一个节点一个节点抓推进、一项任务一项任务抓落实，有条不紊推进改革。新组建的领导班子要勇担重任，尽快进入角色、履职到位，确保改革期间各项工作连续稳定，决不能出现工作断档、推诿扯皮、不作为乱作为等问题。三要消除杂音、统一思想，凝聚推进改革的强大合力。全县各级党组织要将思想政治工作贯穿改革始终，真正将改革政策理解到位、宣传到位、贯彻执行到位，引导广大党员干部，把心思和精力聚焦到干事创业上来，始终保持昂扬向上的精神状态，确保思想不乱、工作不断、队伍不散、干劲不减。四要严肃纪律规矩，以铁的纪律保障机构改革顺利进行。全县各级党组织负责人要做政治上的明白人，始终把纪律规矩挺在前面，严格执行机构改革政治纪律、组织纪律、机构编制纪律、干部人事纪律、财经纪律、保密纪律。县纪委监委要阵地前移，严肃查处改革期间的违规违纪行为。

　　县常委会议结束后，依安县机构改革全面铺开，本着"小政府、大服务"的宗旨，进一步扩大"放、管、服"，按照国家的要求，将一些部门重叠、业务交叉的部、委、办、局进行了重组合并。2019年1月31日，依安县机构改革新设立和整合单位举行了隆重的揭牌仪式。县领导李传柱、张宇飞、李笑夫、于宁、魏艳琴、姜伟、崔秀权分别参加了全面依法治县委员会办公室、审计委员会办公室、县信访局、县档案馆、县国有资产监督管理办公室、县应急管理局、齐齐哈尔市依安生态环境局、县营商环境建设监督局、县医疗保障局、县卫生健康局、县文体广电和旅游局、县农业农村局、县自然资源局、县工业信息科技局、县粮食局、县政府食品安全委员会办公室等单位或部门的揭牌仪式。

新设立或整合的部门和单位面貌一新、权力集中、责任到位、业务明确，按照县委、县政府的要求凝权聚力，干劲十足，即时进入工作程序。

机构改革后的部门和单位，"小政府、大服务"特点突出，"放、管、服"作用明显。以强政、便民、利企为目标，深入推进"放管服"改革，清理规范权力事项，优化投资审批流程，推进商事登记便利化，开展"五零"（服务办理零超时、服务受理零推诿、服务方式零距离、服务质量零差错、服务结果零投诉）。服务承诺创建，深入推行"双随机、一公开"（在监管过程中随机抽取检查对象，随机选派执法检查人员，抽查情况及查处结果及时向社会公开，最大限度优化办事环节，缩短群众办事时限和企业开办时间）。拓展"互联网+政务服务"，加快建设以县政务服务中心为龙头、各分厅为基础、乡镇公共服务中心为纽带、村（社区）便民服务代办点为网底的政务服务体系，持续提高"就近办、网上办、马上办、一次办、我帮办"事项比例。

在进一步推进"放、管、服"，充分发挥"小政府大服务"的功能和作用方面，特别是为企业服务、为基层服务、为经济服务的范围和力度上，县委、县政府向全社会作出郑重承诺。一是要做到"随叫随到"。当企业遇到困难问题需要政府出面解决时，各相关部门、各乡镇要第一时间到企业了解情况，第一时间给予企业反馈，第一时间帮助解决问题。要以"马上就办"

的工作态度，在实办、快办、办好上下功夫，为企业提供全方位、多角度、无微不至的服务，当好企业的"店小二"，让各类市场主体心无旁骛谋发展，一心一意抓生产。二是要做到"不叫不到"。要把所有具备执法监管职能的部门、具有行政执法资格的工作人员和被检查对象的数据信息纳入"双随机一公开"联合抽查平台，严格执行"双随机一公开"制度，制定详尽的执法机制、执法纪律和执法规定，开展人性化执法。要注意执法方式，避免简单粗暴的执法，避免挫伤企业发展信心。三是要做到"说到做到"。不断提高政府的公信力、执行力和工作效率，要以企业满意为导向，不仅要说到做到，而且要克服千难万难、想尽办法做到，决不能"打哑弹、放空炮"。要想企业所想、急企业所急，务实研究土地、环评、资金、建设流程等项目建设发展中的实际问题，真正打通服务企业、助力发展"最后一公里"。要坚持服务导向，强化要素保障，建立健全"领导+项目、专班+园区、目标+考核"的责任体系，全面落实领导干部包企制度。各包企县领导要亲力亲为、责任上肩、服务下沉，严格按照《副县级以上领导包扶民营企业和产业项目制度》要求，认真落实一个企业项目、一名领导、一套班子、一套方案、一抓到底的"五个一"工作机制，全程领办代办帮办，为企业提供全方位的"管家式"服务。各乡镇、各部门要不折不扣地执行县委决定，坚决破除设定额外条款、办事找不到人的"卷帘门"，坚决破除不兑现政策、不执行规定的"玻璃门"，坚决破除让企业多跑路、服务不到位的"旋转门"，在市场准入、审批许可、经营运行、招投标等方面，为企业打造公平竞争环境，给企业发展创造充足市场空间，让企业真切感受到依安亲商、重商、安商、敬商、为商的良好营商环境。四要做到"服务周到"。要强化"人人是环境、事事是环境、处处是环境"的大环境意识，积极推进

"办事不求人"有效落实，公安、教育、卫生等重点部门要走在前、做在前。要持续深化"放管服"改革，推进"只进一扇门"和"五零"政务服务。要强化跟踪监督服务，全面实施并联审批，压缩项目报审时限，催生企业项目建设"加速度"。建立县"7912345"为民服务热线"营商客服"，与县营商局"7012346"监督举报电话并线，采取一号对外受理各类市场主体的各方面诉求。

四、强势发展前景广阔

改革开放为依安经济社会发展带来机遇和活力，党的十八大为依安经济社会发展带来动力和信心。站在新的历史起点上，依安县准确把握时代特征和历史机遇，从依安的实际出发，挖掘优势和潜力，改革找准短板和弱项，确定顺应时代的发展目标和发展思路，力争走出一条质量更高、效益更好、结构更优、优势充分释放的县域经济全面振兴发展的新路子。为实现全面建成小康社会、县域经济高速发展全面提升两个奋斗目标，坚持"两步走"战略，从2020年到2035年，基本建成社会主义现代化新依安；从2035年到21世纪中叶，全面建成富强、民主、文明、和谐、美丽的社会主义现代化新依安。为此，中共依安县委提出了全县经济社会发展"35810"总体工作思路，坚持陶瓷、食品、生化"三大"产业发展定位不动摇；叫响北国瓷都、中国五色土（北方紫砂）之乡、中国白鹅之乡、中国紫花油豆角之乡、"亮心大姐"家政服务"五大"品牌；扎实推进脱贫攻坚精准化、规模农业产业化、产业项目集群化、特色产品电商化、城乡建设生态化、民生服务便利化、基本公共服务均等化、作风建设常态化"八化"战略；坚决打好扶贫脱贫、特色农业结构调整、立县财源培育、深化重要领域改革、大众创业、污染防治、农村基础设施改造升级、陶瓷文化旅游开发、防范化解重大风险、整顿作风优化发展环境"十大"攻坚战。围绕发展目标和总体工作思路，利用三年左右时间夯实基础，与省市同步全面建成小康社会，奋力谱写新时代依安经济社会发展新篇章。

（一）陶风瓷韵，炫彩依安

享有"北国瓷都""中国五色土之乡"之美誉的依安县矿藏资源丰富，尤其是拥有长江以北最大的高岭土资源，具有储量大、品质好、成本低等优点，市场资源看好，开发前景广阔，其伴生的依安的五色土（北方紫砂）尤为出彩，是制造高级陶品的绝佳材料。依安生产的仿古瓷、冰雪瓷、五色陶、裕龙青瓷、宣纸瓷板画、粗陶泥塑六大类艺术陶瓷品牌各领风骚、独具特色。从2011年依安县陶瓷工业园区第一家生产外墙砖企业牧龙王陶瓷投产发展到如今的陶瓷研发生产及配套加工企业17家，产品已涵盖建筑外墙劈开砖、广场砖、高端内墙砖、地砖、裕龙青瓷等日用陶瓷、冰雪瓷等工艺美术陶瓷、紫砂壶、五色陶、文化装饰陶瓷等120余种陶瓷系列产品，配套企业延伸至包装、模具、物流、矿产资源开发领域，产业体系已初步形成，成为填补黑龙江省空白的一个新兴产业集群，成为依安县最强的立县支柱产业。目前，依安陶瓷产品销售网络已覆盖黑龙江省全境、吉林省长春市以北和内蒙古东北部，未来将辐射俄罗斯远东地区和韩国、日本等国外市场。

依安县陶瓷产业的快速、全方位发展得益于对行业前景趋势的科学研判，得益于对产品市场的精准定位。2017年以来，依安县坚持实施陶瓷产业"倍增计划"，通过招商引资发展生活装饰瓷和日用瓷，支撑壮大产业；发展工业特种瓷，拓展产业空间；发展工艺美术瓷，提升知名度和美誉度；发展冰雪瓷、仿古瓷、五色陶、裕龙青瓷，打造龙江特色，为到2020年全面建成齐齐哈尔市超10亿级产业集群打下了坚实基础，也为靓丽陶瓷名片注入了耀眼的光彩。特别是近几年，依安县陶瓷产业发展围绕鹤文化、鹅文化、冰雪文化、东北民俗文化"四种文化"，通过主打陶瓷文化产业品牌，为陶瓷生产注入文化元素，把文人书画、地域传说、民族风情融入陶瓷，使依安陶瓷凝结了土的深沉、水的灵气、火的激情，散发出独特的气质和魅力。2018年11月举办的"新时代的中国：黑龙江走振兴新路约世界同行"全球推介活动中，依安陶瓷大放异彩。"五谷丰登"系列粗陶泥塑作品作为指定礼品亮相外交部黑龙江省推介会，让世界再次领略了中国陶瓷文化。依安县为外交部冷餐会特制的13种冰雪瓷餐具、伴手礼福娃令中外嘉宾啧啧称赞、爱不释手。餐具上的中国元素让与会嘉宾更多地了解到黑龙江的独特魅力，实现了中华器·依安瓷走出国门、对话世界的新开端。为纪念改革开放40周年、中华人民共和国成立70周年，充分展示齐齐哈尔市、黑龙江省乃至全国经济社会发展各项成果，依安县陶瓷企业先后聘请国内知名陶瓷工艺大师、著名书法家、画家制作了"中国梦"系列、"改革之春"系列、"东北抗日英雄人物"系列、"北大荒精神"系列、"我们的四十年"系列等数十个系列作品，美轮美奂，堪称极品。

（二）炫彩依安，不止于瓷

依安经济，各具特色，依安发展，诸业并进。在认真抓好陶瓷产业，做大、做强县域经济的同时，其他产业也齐头并进，各展英姿。2019年9月7日，以"炫彩依安不止于瓷"为主题，以搭建陶瓷文化艺术交流平台，推动陶瓷产业与文化、旅游深度融合，助力鹅产业健康发展，提升"中国五色土（北方紫砂）之乡""中国白鹅"之乡的知名度和美誉度，打造"北国瓷都"和"中国鹅城"的城市形象品牌为宗旨的"第二届中国·依安陶瓷文化艺术节暨首届鹅文化节"将正式拉开大幕。黑龙江省首届瓷板书画大赛、全国诗歌大赛和诗歌朗诵会、黑龙江首届"龙瓷杯"陶瓷产品创意设计大赛、"依安大鹅"美食大赛、龙瓷龙酒文化高峰论坛5大系列29项活动内容将为依安的经济发展积能蓄力,为依安经济高速、跨越式发展带来更多的历史机遇和发展空间。

附录　依安老区工作

第一节　老区概况

依安县是革命老区县，早在东北沦陷之初，即"九一八"事变之后，就有无数的仁人志士眼看祖国的大好河山被铁蹄践踏，纷纷挥戈而起、奋力抗争。抗战胜利后，为了保卫胜利果实，经历了解放战争、土地改革、抗美援朝等波澜壮阔的历史风云，付出了巨大的奉献与牺牲，不惜用鲜血和生命，来建立起一个全新的红色政权。回顾英烈先贤的战斗历程，追寻仁人志士的英雄事迹，整理老区历史的发展轨迹，是县老区建设促进会当仁不让的历史责任与任务。

依安县有七个黑龙江省认定的老区乡镇，包括11个老区村，即太东乡长兴村、联合村，上游乡建华村、建明村，新兴镇爱民村、新合村，阳春乡长安村、精进村，先锋乡四烈村，双阳镇孟常村，依安镇合心村。全县老区共有7 906户，26 164人，有耕地47 666亩。按照黑龙江省、齐齐哈尔市的要求，1997年4月15日，县老区建设促进会成立，为县委、县政府所属非常设组织机构。成立初始由县老干部局代管，经过一段时间的运作后由县民政局负责管理，办公室设在县民政局。2006年，中共黑龙江省委办公厅下发《厅字〔2006〕47号文件，要求市、县、乡、村都要建立健全老促会组织，明确各级老促会建设要满足"有编制、有经费、有办公地点、有必要的交通工具和通信工具"的要求，县委决定县老促会会长按省委要求由同级离退休老领导担任，同时七个老区乡镇、11个老区村也成立了老促会，乡由乡镇党委主要领导兼任，村由党支部书记兼任。县老促会的业务工作受省、市老促会指导。

第二节　革命老区的历史机遇和发展优势

一、老区发展的经济资源优势

依安县充分利用国家对老区建设、老区发展的政策资源和政策倾斜，依托县域经济发展和改革带来的优势，让老区建设和发展借势腾飞。

第一，依安的现代农业发展为革命老区的持续、良性发展提供坚实的物质基础。作为全国粮食生产百强县之一的依安粮食生产从规模、总量、品质等方面来说优势明显。特别是在"中国白鹅之乡""中国紫花油豆角之乡"为代表的中国地理标志产品引领之下，依安的农业正以"糖、鹅、薯、菜"为方向，以更高的标准来组织生产、加工及销售。截至2017年末，全县绿色食品认证面积45万亩，无公害认证品种30个，产地认定面积达到320万亩。全县种植紫花油豆角10 000亩，建日光节能温室200个，各类大棚1 950栋，紫花油豆角生产使用了"间、混、套、微、滴、灌"的先进生产技术，2017年，总产达2 000万公斤，可以反季节供应市场需求。"中国白鹅之乡"的品牌已经叫响，依安白鹅的系列产品，如白条鹅、熟制品已经申请了国家著名商标，正在向销售的深度和广度进军。以甜玉米、小姑娘、小香瓜为代表的地域特产正以纯正的口感、精美的包装和良好的服务走向全国。

第二，以"食品、生化、陶瓷"为主体的三大产业是实现老区发展的有力支撑。依安是国家命名的"中国五色土"之乡（北方紫砂），依安的五色土和高岭土、石英砂资源，储量大、品质好，埋藏较浅，利于开发，可以说取之不尽、用之不竭。利用高岭土生产的各类艺术装饰陶瓷和建筑陶瓷产品质量优良，销售看好。用依安五色土生产的壶、杯、盘、盏、瓶、罐等紫砂系列产品巧夺天工，令人叹为观止，前途无量。玉米深加工企业鹏程生化公司的年玉米可加工量达80 000万公斤。一方面解决了农民玉米的就近销售，减少了农业生产的流通渠道和销售环节，让农民得到了实惠，另一方面又实现了农产品的二次加工，增加了农产品的附加值，同时，又为市场提供了高质量、有信誉的优质产品，扩大了依安的知名度。

第三，依安地理位置优越、交通便利。西邻我国北疆重镇齐齐哈尔，南近大庆，东去省城哈尔滨相距不远，北望开放口岸黑河当日可达。铁路运输东西纵贯，齐北铁路、齐黑铁路、齐哈铁路穿境而过，十分便利；碾北公路、北富高速公路上行下接，四通八达。

二、老区发展的文化资源优势

依安自古人杰地灵，文化积淀厚重，创作优势明显。借助于现时的人才优势可以全方位拓宽文化产业规模，拉长文化产业链条，开发文化产业项目，为老区建设和发展增光添彩。例如，享受国务院特殊津贴、有"关东泥人王"雅号的王琦先生，其粗陶、紫砂、陶瓷创意与制作具有粗犷、浓郁的北方特色，享誉全国，美不胜收，以他为代表和牵头的文化产业链条正从城镇延伸到农村，产品从创意、设计、制作到销售具备了一定的产业规模，已经成为带动群众致富的一个重要渠道和手段。以依安县诗词协会、作家协会为领跑的群众文化创作群体，正在向学校、机关、企业、农村、社区有序推进，并结出了丰硕的成果。每年创作出的主旋律、正能量、全方位、有生活的诗词作品上千首，中、长篇小说十余部，散文数百篇。依安努力繁荣创作、锻炼队伍、培育人才，正在准备向国家申报"中国诗词之乡"。围绕大容量、多功能、现代化的文化艺术中心、体育活动中心为阵地，县级的文化馆辅导、龙江剧演出、业余合唱团、群众大舞台的多层次、群众性业余表演和活动，正在成为依安人民生活中不可或缺的精神源泉。

三、老区发展的历史资源优势

依安革命历史昭然、传承悠久。可以充分借助老区革命历史、革命精神、革命传统等发展旅游产业，为老区建设和发展续力承新、再创辉煌。

第一，可以开展红色旅游。从抗日战争时期到社会主义建设阶段，依安星如潮涌、英雄辈出。这里有抗日联军旅长廖仲符、解放泰安战役总指挥王钧、东北抗联第三路军第三支队支队长王明贵在依安战斗的遗址；有依安县第一任县长许英年、革命先驱周文楠工作、战斗的足迹；是黄埔名将唐丕光、中央军委授予的"雷锋式的好指导员"程志国的家乡；有双阳孟常、先锋四烈、三兴占春及无数革命先烈长眠于此；有郭维城指挥民主联军护路军与国民党残渣余孽、散兵游勇血战的鳌龙沟子战场。让历史告诉未来，用这些活生生的教材来警示和告诫后来者珍惜现在的幸福生活，革命成功来之不易。

第二，可以挖掘文化旅游。围绕依安植物园、德泽园、怡心园，通过看地标、听讲解了解依安的历史文化，通过赏风景、观植物了解依安的地域文化，通过读楹联、瞧故事认知依安的诗词文化。围绕依安陶瓷工业园，参观陶瓷工艺、紫砂制作来领略陶风瓷韵、艺术奥秘。围绕依安的文艺中心、体育中心了解依安的群众文化、广场文化、社区文化。

第三，可以开发农业旅游。依安地处塞外，土地集中，沃野千里，农业开发较早，经历了诸多社会形态与生产关系的变迁且8次入选"全国百名粮食生产先进县"，以新兴乡新合村为基地，建立"农业博物馆"，开展农业旅游。集中展示依安人民从原始渔猎农耕到封建农业、资本农业、社会主义农村的地域特色，详细介绍党的十一届三中全会后新合村在党支部书记苏在兴同志带领下实践"一村两制"的经历与过程，同时，重点请人们感受现代农业为依安农村带来的革命性飞跃。

四、老促会的工作开展与成就

依安老促会成立以来，在省、市主管部门的总体指导下，在中共依安县委、县政府的正确领导下，因地制宜、努力探索、求是务实，积极能动地深入推进，取得了显著的工作成效。

在十二五时期，根据改革不断深化，经济快速发展，社会更加繁荣稳定的时代特点及现时要求，按照党中央、国务院关于加大对革命老区建设支持力度的指示要求和省、市、县关于加快老区发展的相关政策规定，结合《依安县国民经济和社会发展第十二个五年规划纲要》，制订并在全县下发了《依安县革命老区十二五规划》。首次以红头文件的形式将老区建设、老区发展列入了全县经济建设和社会发展的总架构与战略布局之中，极大地提升和摆正了老区在整个国民经济结构中的位置，从而有效激发了广大老区群众在党的正确领导下生产、生活的积极性，为全县老区脱贫致富、发展经济提供了理论支持、工作动力和政策保障。

《依安县革命老区十二五规划》的指导思想：以党的十七大精神为指导，深入贯彻落实科学发展观，以构建社会主义和谐社会、建设新农村实现小康的总体要求为目标，按照"同等优先、科学规划、稳步推进"的原则，以壮大老区经济、改善老区基础设施和发展环境，增加老区贫困群众收入为重点，创新举措、加大扶持力度，促进老区经济和社会又好又快发展。

《依安县革命老区十二五规划》制定了要达到的主要目标及工作任务：按照国家和省市的总体要求，结合依安县国民经济和社会发展十二五规划目标，十二五期间全县老区扶贫开发的主要目标：

1.实现老区村和老区人口整体脱贫，人均收入达到全县中上等水平。按照规划的要求，到"十二五规划"结束时，全县老区村农民人均收入达到11 100元，高于全县农民人均收入57%。

2.村基础设施及民生环境明显改善。体现为老区道路硬化路面达到100%，力争通屯硬化路面全覆盖；村村有固定的综合文化活动室和体育活动场所，村村有农家书屋；有线电视普及率达100%，电话普及率达95%；自来水入户率达95%；泥草房改造全覆盖，村民砖瓦化率达98%；村卫生所建设进一步加强，村村有卫生所，有合格的医务人员和较完备的医疗设施，农民参合率达100%。

3.支持老区发展项目。优先安排老区村组建大型农机专业合作社，对还没有组建大型农机专业合作社的合心、长兴、联合、建明、新合、精进、长安等村，给予政策倾斜，优先安排，力争五年内实现老区村村建有大型农机专业合作社；加大对新合村生态旅游项目，联合、四烈、孟常、合心等村机械化奶站建设项目，爱民村蜂窝煤厂项目，长兴村长兴沟小流域治理项目和精洁米加工项目，合心村利用地热资源，发展蔬菜规模生产项目的重点扶持，在政策和资金上给予倾斜，促其早日建成投产，增强老区发展后劲。

4.加大老区教育支持力度。抓好老区幼儿园建设，学前3年儿童入园率达85%，老区村适龄儿童入学率达100%。资助老区贫困家庭学生完成高中、大学学业。加大老区青壮年劳动力培训力度，每年不少于两期，每期每村不少于50人。

5.坚持优先发展老区的原则，在政策和资金投入上给予重点倾斜。

6.落实帮扶任务，加大扶持力度。加大有关部门和社会各界对老区的扶持力度，建立党政部门领导包袱老区村责任机制。

7.建立县老区扶贫专项基金，由县财政专户列支，每年不少于20万元，用于扶持老区发展项目和公益设施建设。

8.积极化解老区历史债务，为老区卸债减负。

在省、市主管部门和县委、县政府的正确领导和大力支持下，通过积极努力，取得了一些成就。

一是老区基础设施建设、经济结构调整、民生保障体系不断加强。截至2016年末，全县老区的机械化耕作率达到96.1%；村硬化路面率达85%；老区村民砖瓦化率达70%以上，其中，爱民、建明、新合三个村已实现住房砖瓦化率100%，长兴老区村还建起三栋农民公寓楼；11个老区村全部建立了文化活动室，有8个老区村建起了电子商务平台；有11个老区村修建了村民文化活动广场。种植业结构调整力度加大，特色产业发展初具规模。新合、长兴、联合村水稻种植作为结构调整的重点，现已形成规模。合心村棚室化特色蔬菜已形成品牌，享誉省内外。精进村养猪事业越做越大，成为远近闻名的养猪专业村。联合村大力发展白鹅养殖，2017年，饲养量达万只以上的大户就有3户。劳务经济兴起。全县老区村每年在各地打工的就有7 500多人，一年仅劳务收入就达到8 000多万元。联合、合心等老区村近几年还将劳务输出发展到韩国和俄罗斯。民生保障体系建设逐步完善，救助力度不断加大。新农合参合率达到99%。新型农村养老保险覆盖率达到95%。老区弱势群体纳入低保救助的有640多人。

二是一批革命遗址、战斗旧址、纪念遗址得到了新建、扩建、重建。依安县老促会自成立以来，十分注重挖掘和整理老区革命历史，并以超常的手段和速度恢复、建造一批革命历史遗存、遗址、遗迹，以此来彰显历史、记住历史、纪念历史，让后来人铭记历史，永志不忘。先后在重大历史事件发生地建造老区历史名人、事件遗址纪念碑园，逐步形成依安红色旅游带，如老区在抗日和解放战争历史上发生的多次有较大影响的战役、战斗和历史事件。几年来经过努力，在太东乡联合村鳌龙沟军火列车保卫战遗址处建立了纪念碑，2018年，又在上游乡建明村建造了"抗日联军夜袭通宽镇旧址纪念碑"，还将修缮阳春乡"宝泉阻击战遗址和烈士纪念碑"。同时正在规划在依安镇朴炳珊激战日军和太溪河铁路桥西颠覆日本军火列车两处历史遗址处建造纪念碑。特别是投资400万元将依安县烈士陵园整体迁移，将四处散葬的革命烈士墓集中迁柩于此以供瞻仰且便于祭扫敬奠。新陵园规格高标、设计雄浑大气、质量标准上乘，为人们牢记历史、缅怀英烈、激励后人提供了一处绝佳的爱国主义教育基地。

三是反映老区斗争、革命传统的老区文化正在逐步形成。2017年，在已编撰《依安老区足迹》基础上，按照国家的部署和要求，一本全面反映依安老区革命斗争历史和现实发展的《革命老区依安发展史》已完成初稿，正在送审和修改。一批反映依安革命斗争历史的长篇小说《冰雪泰安》《冰雪鳌龙》《永吉屯》

已经出版，正在商讨合作拍摄电视剧事宜；诗歌集、散文集《乌裕尔河随想》《乌裕尔河放歌》已经杀青付梓。与此同时，以专业为代表的中共依安县党史办公室、依安县文物管理所、依安县文化馆正在不遗余力地对一些老区革命的珍贵史料、革命文物进行广泛性搜集、抢救性发掘、系统性整理，一个更大规模的全面、准确、科学、生动地反映依安自然风物与革命历史的依安县博物馆正在积极地筹建之中。民间的收藏家协会、个人历史追寻者、爱好者也纷纷献计出力，一展身手。

与此同时，由县民政局负责牵头对县内城乡的路名、站牌、广场、建筑等进行重新审定，新建的泰安新城街路就是用烈士的名字、革命的符号来标记和命名。由县文化馆组织的记住革命历史的文学创作正在全县城乡深入开展，由县诗词协会、音乐家协会分别组织的"纪念依安解放七十周年"诗词大赛、歌咏大赛、创作大赛收到了轰动的效果。

五、老区革命遗址、文物、纪念场馆

孟常墓

"孟常墓"位于黑龙江省依安县双阳镇孟常村，距双阳镇9公里，墓里安放着在土地改革运动中光荣牺牲的农会主任孟昭义、武装队长常明昌两位烈士。

1946年8月25日，革命队伍中的变节分子张殿英（时为该乡乡长），获知国民党匪军"张司令"张明久在拜泉一带活动，如获至宝，遂秘密向反动地主王祥、孔昭廷报信，王、孔二人连夜派人骑快马去几十里外的"白大猪圈屯"与张匪明久串通密谋，定下了"反攻倒算"、杀害"土改"干部的罪恶计划。

8月26日（农历七月三十），反动地主分子王祥、孔昭廷引导国民党残匪"张司令"及手下喽啰20余众，埋伏在"王宽屯"

里。王祥、孔昭廷假惺惺地借口到自己家拉浮财，将乡（村）农会主任孟昭义、武装队长常明昌诱骗到反动地主王祥家，埋伏在院子里的众匪一拥而上，将孟昭义、常明昌团团围住，孟、常二人发觉不对，奋起反抗，但为时已晚，终势单力薄、寡不敌众，被敌人五花大绑了起来。随后二人受到了匪徒们的拷问毒打。疯狗一样的敌人边打边骂："你们不是要翻身吧？这回让你们翻个够。"孟昭义、常明昌二位同志忍住剧痛，一言不发。打累了的敌人见问不出什么，恼羞成怒，气急败坏，将二人拉到屯外的空地上，挖了一个大坑，残忍地活埋了。

孟昭义烈士年仅32岁，常明昌烈士仅仅18岁。

1947年春，依安县人民政府将杀害烈士、恶贯满盈的变节分子张殿英、反动地主孔昭廷捕获归案，并于烈士牺牲之地公审宣判、就地枪决。为烈士报了仇，为群众雪了恨。

为纪念孟昭义、常明昌两位烈士的革命事迹，牢记历史，昭示后人，县人民政府将原来的"王宽屯"易名，取二位烈士之姓，改名孟常村。并立碑勒字，永为纪念。

四烈碑

"四烈碑"位于依安县先锋乡四烈村（原属讷河县奎东区）南的一处高岗上，背坡向南，视野开阔。碑的正面用楷体镌刻着解放战争时期，为剿除匪患而英勇牺牲的魏玉盈、傅有明、何庆信、王志刚四位烈士的名字，这块用烈士热血浇铸的不朽丰碑，记录了那个波澜壮阔的风云年代一场惊心动魄的斗争历史。

1946年12月底，东北民主联军在讷河、克山、依安一带配合当地民主政府全力围剿敌伪残余及大大小小的土匪绺子，如"花蝴蝶""紫金山""老来红""扫北"等。在东北民主联军的强力打击下，绝大部分土匪或毙或溃，其余则如丧家之犬闻风丧胆作鸟兽之散。其时有一股报号"天边好"的土匪自恃势力较强且又受国民党"光复军"司令尚其悦的直接指挥。这伙土匪在克山境内遭民主联军重创后，不甘心失败的命运，匪首"天边好"纠集残兵败将准备向南逃过乌裕尔河避避风头，然后在河南招降纳叛，东山再起，与民主政权分庭抗礼。

受讷河县委指示，讷河县第十区抽调精干民兵及土改积极分子，组成清算斗争武装工作队，下辖两个分队，分别由第十区民兵队长张志栋率领进驻振兴屯（今依安县先锋乡光明村），区农会主任类树民指挥进驻永兴屯（今先锋乡政府所在地南二里许），任务是组织民兵、发动群众、开展清算斗争，协助剿除匪患。

1947年1月8日（农历腊月十七）武装工作队接到第十区政府派人送来的情报，"有'天边好'绺子30余人，流窜到讷河县通南镇东吉祥屯后，纠集附近的'大镜面''北国''北来''老来好'等残匪余孽近百人，准备对当地的农会干部下手"，第十区政府命令类树民、张志栋同志率领所部武装工作队前往剿灭。接到上级命令后，工作队立刻分兵两路，整装出发。一队由类树民、张志栋（二人系党从延安派来东北接收的老八路）率30余名工作队员乘三辆胶轮大车由奎东区忠诚屯经张大窝棚屯向吉祥屯进发；一队由魏玉盈、傅有明、王志刚、何庆信、李永贵5名同志组成，步行经洋瓦房和张大窝棚屯向吉祥屯进发。

不料狡猾的土匪为了躲避武装工作队的围剿，并未在吉祥屯动手，却向南窜到了张大窝棚屯。想在这里休整喘息一下逃奔乌裕尔河以南。由于这些惊弓之鸟一路上走走停停，吃尽了沿途我民兵武装的苦头，对民兵恨之入骨，所以进屯来就先抓民兵，一是报复，二是想从民兵嘴里得到剿匪部队的消息。搏斗中，张大窝棚屯民兵队队长孙连瑞被抓。在土匪的毒打之下，遍体鳞伤的孙连瑞宁死不屈，匪徒们狂吼着，一枪托将孙连瑞的下巴打掉。

匪徒们挨家挨户搜粮食、搜民兵、搜干部（农会），在乡亲们的掩护下，刚刚在农民刘兴义家开展工作、来不及撤走的农会主任吴老八幸免于害。

在类树民、张志栋率领下走在前面的武装工作队并不知道这一新的情况，傍晚时分刚一进入张大窝棚屯，就被埋伏在地主姜万和大院房上的土匪岗哨发现，一时间枪声骤起，武装工作队的一名"老板子"（车夫）中弹牺牲。猝不及防的武装工作队没有战斗准备，只好仓促应战，利用壕沟作掩护，且战且走，退出了屯子。

另一路以魏玉盈为首的5名武工队员，因在"洋瓦房"屯筹备鞍马略微耽搁了点时间，根本不知道前面发生了交火，直接冲进了张大窝棚屯，与土匪发生了第二次遭遇战。

隐藏在屯内的土匪倚仗人多枪好，由土匪二当家"天下红"（侯奎武，匪首"天边好"之兄），喝令众匪从东西两翼迂回包抄魏玉盈等工作队员，使工作队两面受敌，凭借场院围墙进行还击。号称"神枪二里半"的二当家"天下红"狂妄地高喊："货到手了，一个也不能让他们跑了，都给我往上压，抓活的。"土匪的包围圈越来越小，战士们毫无惧色，沉着应战，弹不虚发。"天下红"自恃枪法准，连喊带骂地带头往上冲，被工作队员傅有明抬手一枪，"天下红"应声而倒。时间越拖越久，尽管队员们不怕牺牲，猛烈还击，但由于武器落后（大部分系缴获地主的"老套筒子"，枪管一热就不过火），弹药有限，渐渐地被土匪火力压制住了，傅有明、王志刚壮烈牺牲。土匪们一拥而上，经过激烈的肉搏战，魏玉盈、何庆信终因寡不敌众，负伤被俘。

土匪们见自己的二当家"天下红"身负重伤、奄奄一息，兽性大发，对何庆信、魏玉盈拼命毒打。匪首"天边好"为了从战士们口中得到剿匪大部队的情报，又软硬兼施、封官许愿、金钱诱惑，但没有达到目的，遂又对两位同志严刑折磨，但得到的却是义正词严地回答："缴械投降争取宽大，坚持与人民为敌死路一条。"撕扯中，魏玉盈、何庆信用脚猛踹匪徒，土匪王硕彦用火叉将魏玉盈的门牙全部打掉，又残忍地用刺刀将魏玉盈的腮帮子穿透。土匪王硕彦又去拽何庆信，何庆信坚持抗争，王硕彦一刀将何庆信的手砍断。匪首"天边好"见无计可施，又恐时间拖久了剿匪大部队增援赶到，便气急败坏地命令土匪将何庆信、魏玉盈五花大绑拖到大地主姜万和家的场院西（现四烈碑北面），由匪徒"西来"亲手枪杀。

当天夜里，土匪二当家"天下红"伤重毙命。"天边好"怕武装工作队赶来，连夜向南逃窜。被我武装工作队跟踪追击，紧紧咬住。"天边好"慌不择路窜至文化屯（原名是4号）遭当地民兵阻击，未敢进屯，又窜至复兴屯（原名7号）勉强住下，苟延残喘。第二天被武装工作队和驻军追到"四马架"、李朝阳屯，我军四面攻击，土匪死伤过半，最后逃到乌裕尔河南岸被武装工作队全歼。

侥幸漏网的匪首"天边好"于1948年初被泰安县（依安县）公安机关逮捕归案，2月底依法公审枪决。土匪王硕彦在四马架战斗中逃脱，隐藏在内蒙阿荣旗那吉三分场，于1967年被抓捕归案，1968年3月17日在"四烈碑"前被枪决。

魏玉盈、傅有明、王志刚、何庆信同志被追认为革命烈士。由第十区人民政府呈请，经讷河县人民政府批准，于1947年春将原"忠诚屯"改名为"四烈村"，并修建四烈碑作为永久纪念，昭示后人。

宝泉阻击战纪念碑

1945年8月15日，日本投降后，剿匪斗争开始。中共黑龙江省工委作出"巩固克山、保卫拜泉、打下泰安，回解德都之围，以求打开黑龙江局面的"的剿匪斗争决策后，派黑龙江省军区副司令员王钧率领省军区三旅九团从当时的黑龙江省会北安到克山集结待命，秣马厉兵，为攻打泰安做准备。盘踞在泰安城内的国民党"挺进军"司令尚其悦察觉了省军区的意图，遂主动出击，妄图先发制人，搅乱省军区部署，为固守泰安争取时间和主动权，于12月12日，尚其悦亲率二旅旅长王忠义（时为伪拜泉县长）领匪徒两千余众偷袭拜泉县城，以求占据宝泉，南下海伦、绥化，引诱我军南追，达到孤立北安、解泰安之围的目的。没有想到，在我军四天三夜"拜泉保卫战"的成功阻击下，尚其悦匪军伤亡惨重、丢盔弃甲，于15日仓皇向泰安老巢逃窜回撤。

12月15日下午，我军先头部队30人赶到宝泉镇，进入伏击的指定位置。下午3时左右，分乘30多辆大车的500多名残匪从拜泉逃往依安在此遇阻，遂从东、南、北三个方向将宝泉镇包围。夜幕降临，战斗打响。匪军火力被压制，前进不能，后退不甘。然而，又一股土匪从老蒋家屯（现东风四屯）包抄过来，阻击部队张营长等9名同志被包围在一所民房内。张营长等9名同志壮烈牺牲。

为纪念在这次宝泉阻击战中英勇牺牲的张营长等9位烈士，依安县人民政府于1963年10月，宝泉区西门外修建了革命烈士陵园，并立革命烈士纪念碑一座，以志永远纪念和缅怀革命烈士。

依安烈士陵园（泰安战役纪念馆）

依安县烈士陵园始建于1946年，原址在依安县依安镇西门外，占地面积30 000平方米，新中国成立后经不断地重建、改建、扩建，初具规模。按照国家的相关规定，由黑龙江省民政厅批准，2011年迁入新址。

新的烈士陵园位于依安镇东北方向约2公里处，距泰安战役总指挥部旧址"元号屯"后身1.5公里。地势平坦舒缓，背坡向阳，苍松翠柏。陵园占地面积近30 000平方米，安葬着从解放战争、抗美援朝到社会主义建设等不同时期的革命烈士401名，其中，有名烈士130名，无名烈士271名。

陵园聘请国内著名专家设计，采用开放式园门，落地式楹门式牌匾，雄浑、庄重、大方，具有浓郁、典型的中国特色与北方文化特点。入门由一面鲜艳的红旗导入，象征着人民当家作主的江山与和谐幸福的生活是无数革命先烈前仆后继、抛头颅、洒热血而换来的。从南向北循序排列为由中共中央军委命名的"雷锋式的好指导员——程志国"烈士的汉白玉雕像，解放战争时期、抗美援朝时期的汉白玉浮雕；四幅黑色大理石浮雕。陵园的中心最高处，矗立着雄伟、庄严的广场主碑，通高17.8米，宽3米。碑体造型是一面迎风飘扬的猎猎红旗，象征着革命精神永不变色。碑体正面刻有周恩来总理的题词手迹——"革命先烈永垂不朽"。整个主碑碑体全部选用国内最好的"五莲花石"精雕而成。主碑的后面并排竖立着六座依安县不同时期的烈士纪念碑，简约凝练的碑文记录着先烈们的不朽篇章，众星拱月般簇拥、托举着主碑的宏大。主碑的北侧是革命先烈们安息的地方，130座汉白玉制作的烈士墓序列其中，为革命献身洒血的烈士们伴着松涛花海长眠于此。

陵园的西南侧建有革命烈士纪念馆，利用声、光、电等现代科技手段将珍贵的历史图片、文献、烈士遗物等一一呈现，向人们展示着那波澜壮阔的时代风云与可歌可泣的英烈先贤。陵园的东、西两侧对称建有两座石质纪念亭，分别用蔡义忱、士健烈士的名字命名为义忱亭、士健亭。

依安革命烈士纪念馆

依安革命烈士纪念馆始建于2016年，位于依安烈士陵园西南方位。整个展馆面积412平方米，总体基调为厚重、雄浑、激昂，以无上光荣为主题，共分六部分，集中展示依安县革命先烈在不同的历史时期，前仆后继的革命风范与家国大义。

在前导厅由一组铜质的"抗联战士""东北人民解放军战士"和抗美援朝"志愿军战士"三人雕塑为组合，象征着在艰苦卓绝的14年抗日战争、波澜壮阔的解放战争、轰轰烈烈的抗美援朝战争中，依安人民作出的伟大贡献。背景以"中国红"装饰为基色，配以8根天然红色的石柱，背景墙上镶嵌着巨幅的《开国大典》瓷板壁画。四周饰以汉白玉造型与雕花。

展厅正面墙上有红底、金字的毛泽东主席手书范本"人民的胜利""无上光荣"，周恩来、彭真及郭维城同志的题词。

展厅共分为"烽火燃依安""为了新中国前进""抗美援朝斗敌顽""泰安革命英烈名录""新时代的英雄篇""革命精神代代传"六个部分，分别利用图表、文字、照片、雕塑、绘画、影像、声光等形式，集中展示了党的领导、人民军队和广大群众在各个不同历史时期、烽火年代和激情岁月所经历的惊心动魄、气壮山河的英雄壮举与丰功伟绩。特别是对"宝泉阻击战""鳌龙沟军火列车保卫战""解放泰安战役"等作了集中介绍；对"激战'四烈村'""孟常二烈士""雷锋式的好指导员程志国""舍己救人的英雄蔡义忱"作了详尽的说明。

依安革命烈士纪念馆，设计大气磅礴、庄严肃穆，令人高山仰止，无限敬畏，是一处较好的爱国主义教育基地。